Saudades de Lídia e Armido,
poema atribuído a
Bernardo Vieira Ravasco:
estudo e edição

CONSELHO EDITORIAL

Ana Paula Torres Megiani
Eunice Ostrensky
Haroldo Ceravolo Sereza
Joana Monteleone
Maria Luiza Ferreira de Oliveira
Ruy Braga

Marcelo Lachat

Saudades de Lídia e Armido,
poema atribuído a
Bernardo Vieira Ravasco:
estudo e edição

alameda

Copyright © 2018 Marcelo Lachat

Grafia atualizada segundo o Acordo Ortográfico da Língua Portuguesa de 1990, que entrou em vigor no Brasil em 2009.

Edição: Haroldo Ceravolo Sereza
Editora assistente: Danielly de Jesus Teles
Assistente acadêmica: Bruna Marques
Projeto gráfico, diagramação e capa: Danielly de Jesus Teles
Revisão: Marcelo Lachat
Imagem da capa: LEBRETON, Louis, ?-1866 *Lisbonne: vue du palais d´Ajuda*.

CIP-BRASIL. CATALOGAÇÃO-NA-FONTE
SINDICATO NACIONAL DOS EDITORES DE LIVROS, RJ

L143S

Lachat, Marcelo
Saudades de Lídia e Armido, poema atribuído a Bernardo Vieira
Ravasco: estudo e edição / Marcelo Lachat. - 1. ed. - São Paulo :
Alameda, 2018.
21 CM
Inclui bibliografia
ISBN 978-85-7939-569-7

1. Literatura brasileira - História e crítica. 2. Análise literária.
3. Poesia. I. Título.

18-52096 CDD: B869.09
CDU: 82.09(469)

ALAMEDA CASA EDITORIAL
Rua Treze de Maio, 353 – Bela Vista
CEP: 01327-000 – São Paulo – SP
Tel.: (11) 3012-2403
www.alamedaeditorial.com.br

Sumário

Apresentação
7

Estudo
11

I. A *persona* histórica
11

II. A *persona* poética
36

III. O poema
60

Referências bibliográficas
88

Critérios adotados para esta edição
95

Saudades de Lídia e Armido atribuídas a Bernardo Vieira Ravasco
97

Glossário
153

Agradecimentos
165

Apresentação
Máquina sublime

Desde que Marcelo Lachat encontrou uma cópia manuscrita do poema *Saudades de Lídia e Armido* na belíssima *Biblioteca da Ajuda*, próxima ao rio Tejo, em Lisboa, que não teve outra ideia senão publicá-lo: no sentido próprio de torná-lo público ou de torná-lo do público, de fazê-lo finalmente obra. Ele inventou uma maneira institucionalizada para estudar sistematicamente o poema num projeto de pesquisa de pós-doutoramento junto ao Programa de Pós-Graduação em Letras da Unifesp para poder lê-lo em vários graus de intensidade, mas o que queria mesmo era que as pessoas conhecessem o que atesta como o engenho poético de Bernardo Vieira Ravasco sem a pecha de ser o "irmão de padre Vieira", epíteto que o eleva e ensombra ao mesmo tempo.

Esse objetivo Marcelo conquistou duplamente: com a edição crítica do poema integral e com o estudo que o explica ao público que o lerá com a curiosidade de quem observa flores em uma estufa. Conhecer detidamente o poema foi um desafio catalisado pela descoberta de uma segunda cópia manuscrita depositada na *Biblioteca Brasiliana* da USP, a qual teria pertencido ao livreiro Rubens Borba de Moraes. Atestei a energia que resultou dessa segunda descoberta, vi ali um pesquisador exultante diante de um papel que ele jura ser do século XVII, tendo em conta vários indícios textuais suficientemente seguros. O exercício então foi fazer o cotejo, verso a verso, das duas cópias, com a observação detida sobre todas as variantes obtidas desse paralelo. A partir de então, somou-se à leitura da materialidade do texto a interpretação da peça poética, sua invenção, a escolha da argumentação do poema, a construção de sua disposição de poema longo, a composição de sua elocução e precisamente de seu estilo elevado, conceito e palavras, tudo lido, pensado e discorrido a partir da leitura douta do pesquisador.

Desde o princípio houve alguns desafios até a consecução da ideia de interpretação e publicação do poema. Do ponto de vista editorial, vários itens foram considerados. Em primeiro lugar, a intenção de não apenas tornar público o poema de Ravasco, mas apresentar ao leitor da poesia seiscentista uma edição crítica, na medida da possibilidade que um estudo de pós-doutorado permite fazer uma edição como tal. Para isso, Marcelo estudou algumas formas com que têm sido editados poemas escritos anteriormente à modernidade das letras literárias e fez as adaptações que lhes foram adequadamente possíveis quanto ao texto poético de Ravasco. Sobre as manuscrituras, suas supostas idades, formalismos e particularidades textuais, tudo ele atestou, cotejou e demonstrou, comparando esse poema com outros editados no nosso presente tempo.

O resultado é que o leitor tem à disposição e possibilidade de leitura uma cópia bem cuidada de uma peça que, sem movimento similar a esse, provavelmente demoraria outros anos, décadas, séculos para saltar aos olhos dos leitores. Em segundo lugar, Marcelo enfrentou a batalha constante na sua hipótese: a de provar a excelência da peça poética do "irmão de Vieira" sem desvirtuar-se por caminhos tão facilitadores quanto falseadores como biografismo, nacionalismo, xenofobia, impressionismo, dentre outros males, comuns e insalubres na crítica literária da poesia escrita em língua portuguesa. Preferiu assumir a contiguidade sanguínea e letrada dos dois irmãos para mostrar que foi ela efetivamente o dispositivo para a constituição da *auctoritas* do texto do "outro Vieira" que não o padre Antônio. Preferiu observar na leitura do poema a construção retórica de seus efeitos buscados no leitor, como ensina essa arte que tem contiguidade por assim dizer-se sanguínea com a poética.

Marcelo Lachat revirou o longo poema de Bernardo Ravasco: localizou sua incursão nas antologias setecentistas da *Fênix Renascida* e do *Postilhão de Apolo*, apontou as imitações parelhas das *Saudades de Lídia e Armido*, indicou atribuições de autoria, rastreando a desfortuna crítica que lhe foi outorgada no decorrer dos tempos demasiadamente históricos. No domínio da poética, a leitura que Marcelo Lachat oferece ao seu leitor, entre outras coisas, situou o poema longo na variedade genérica de outras peças líricas circulantes no Seiscentos, revelou como o poema é composto no seio da chamada poesia de agudeza e definiu as *saudades* como gênero ibérico imitado de poetas como Luís de Góngora, de modo a fazer dar um giro na roda da fortuna desse irmão Vieira, o qual Lachat pretende que seja doravante conhecido, preferencialmente, como *auctoritas* poética.

Maria do Socorro Fernandes de Carvalho

Estudo

༄༅

...quem é o que foi e o que há de ser, é o que é: e este é só Deus.
Quem não é o que foi e o que há de ser, não é o que é:
é o que foi e o que há de ser; e estes somos nós.
Sermão de Quarta-Feira de Cinza [1672].
Padre Antônio Vieira

I. A *persona* histórica

Em dois manuscritos, um depositado na *Biblioteca Brasiliana Guita e José Mindlin* em São Paulo[1] e outro na *Biblioteca da Ajuda* em Lisboa,[2] atribui-se um poema intitulado *Saudades de Lídia e Ar-*

---

1   *Saudades / De Lidia & Armido / Compostas por Bernardo Vieira & Ravasco*. São Paulo: *Biblioteca Brasiliana Guita e José Mindlin*, Ms. s.l.p. scp s.d., 1fl.s.n., 10fls.

2   *Saudades / de / Lidia, e Armido / Expostas na figura de Ella ficar saudosa / e magoada em terra, por Elle se ausentar / embarcando em huma Armada &ª / Compostas / Por Bernardo Vieira Ravasco / Irmão do grde. Pe. Ant.º Vieyra / da extincta Companhia de Iesus. In: Miscelanea Poetica / que comprehende / o que na seguinte página se declára. Tomo = 5º. Junto tudo neste volume, destribuîdo, e escrito / Por Antonio Correya Vianna / Lisboa = 1784 =*. Lisboa: Biblioteca da Ajuda, Ms. 49-III-65, p.173-256. (A paginação dessa *Miscelânea* foi feita pelo próprio compilador).

mido a Bernardo Vieira Ravasco (c.1617-1697). O nome do suposto autor dessas *Saudades* chama a atenção, evidentemente: trata-se de importante *persona* política da América Portuguesa no século XVII, que ocupou, de 1646 a 1697, o alto cargo de Secretário do Estado do Brasil, hierarquicamente abaixo apenas do governador-geral. No entanto, esse Ravasco foi (e ainda é) pouco estudado por pesquisadores da história e das letras luso-brasileiras e, muitas vezes, deixado à sombra de seu célebre irmão, o Padre Antônio Vieira, talvez devido ao desconhecimento ou à desconsideração de algumas especificidades das práticas letradas da América Portuguesa seiscentista e setecentista, tal como a *auctoritas*: uma noção retórica[3] fundamental para compreender melhor Bernardo Ravasco enquanto "personagem" histórico-político e poético. Sua relação de parentesco com o Padre Vieira é parte essencial da construção verossímil não só de seu *ethos* como autoridade política, mas também como excelente poeta. Nesse sentido, por exemplo, no citado manuscrito da *Biblioteca da Ajuda*, a atribuição das *Saudades de Lídia e Armido* a Bernardo Vieira Ravasco, feita pelo compilador setecentista Antônio Correia Vianna, destaca o fato de ser o poeta "irmão do grande Pe. Antônio Vieira, da extinta Companhia de Jesus". Reforça-se, dessa maneira, o valor do poema pela autoridade consanguínea e política daquele que supostamente o compôs: a *persona* histórica se adequa, verossimilmente, à excelência da com-

---

3   Conforme Quintiliano, a credibilidade (*fides*) da exposição decorre da *auctoritas* daquele que narra, sendo essa "autoridade" merecida, antes de tudo, pela "vida exemplar" (*uita*) do narrador/orador: "Neque illud quidem praeteribo, quantam adferat fidem expositioni narrantis auctoritas; quam mereri debemus ante omnia quidem uita, sed et ipso genere orationis, quod quo fuerit grauius ac sanctius, hoc plus habeat necesse est in adfirmando ponderis." (*Inst. Orat.*, IV, II, 125). Edição (bilíngue) utilizada: Quintiliano. *Instituição oratória*. Tomo II. Tradução, apresentação e notas de Bruno Fregni Bassetto. Campinas: Editora da Unicamp, 2015, p.126-128.

Saudades de Lídia e Armido, poema atribuído a Bernardo [...] 13

posição. E foi Diogo Barbosa Machado, em sua *Biblioteca Lusitana*, um dos primeiros a historiar, com detalhes, tal *persona*, começando sua descrição da seguinte forma:

> BERNARDO VIEYRA RAVASCO. Naceo na Cidade da Bahia Capital da America Portugueza, e teve por Pays a Chriftovaõ Vieira Ravafco, e D. Maria de Azevedo, e por Irmaõ ao infigne P. António Vieyra Oráculo da eloquência Ecclesiastica, do qual senaõ distinguio na subtileza do engenho com que a natureza liberalmente o enriqueceo. Desde a adolescencia até a ultima idade se exercitou com summo valor, e naõ menor fidelidade em obsequio da Pátria, ou fosse como soldado, ou como politico.[4]

É possível notar, já nesse excerto inicial, que a exposição da *uita* de Bernardo Ravasco pauta-se por preceptivas retóricas antigas e modernas. Assim, conforme Quintiliano, para que uma narração seja clara, devem-se empregar palavras adequadas, plenas de significado, não vulgares, nem rebuscadas ou distantes do uso corrente, e fazer-se uma nítida diferenciação das coisas, das pessoas, dos tempos, dos lugares e das causas (*Inst. Orat.*, IV, II, 36).[5] Tais preceitos parecem ressoar em um dos diálogos da *Corte na Aldeia* de Francisco Rodrigues Lobo (obra preceptiva fundamental das letras portuguesas do século XVII): logo após um dos personagens (o

---

4 Machado, Diogo Barbosa. *Bibliotheca Lusitana*. Tomo I. Lisboa Occidental: Na Officina de Antonio Isidoro da Fonseca, 1741, p.537-538.

5 "Erit autem narratio aperta ac dilucida, si fuerit primum exposita uerbis propiis et significantibus et non sordidis quidem, non tamen exquisitis et ab usu remotis, tum distincta rebus, personis, temporibus, locis, causis, ipsa etiam pronuntiatione in hoc accommodata, ut iudex quae dicentur quam facillime accipiat." (Quintiliano. *Instituição oratória*. Tomo II, op.cit., p.78-80).

"Licenciado") contar uma longa história, outro (o "Doutor") resume as regras para realizar-se uma boa narração:

> Maravilhosa é a história para exemplo (disse o Doutor) e também poderá servir desse no como se devem contar outras semelhantes: com boa descrição das pessoas, relação dos acontecimentos, razão dos tempos e lugares e uma prática por parte de alguma das figuras que mova mais a compaixão e piedade; que isto faz dobrar depois a alegria do bom sucesso.[6]

Desse modo, o exórdio da exposição de Barbosa Machado sobre a "vida" de Bernardo Ravasco mostra-se tecnicamente apropriado, sendo claro, breve e verossímil (como recomendam tratados de retórica antigos, em particular, a *Rhetorica ad Herennium* e a *Institutio Oratoria*) e descrevendo o lugar de nascimento ("Cidade da Bahia, Capital da América Portuguesa") e as pessoas que são causas da virtude de Bernardo (os pais, Cristóvão Vieira Ravasco e D. Maria de Azevedo, e o "insigne" irmão, Padre Antônio Vieira). Além disso, no começo do trecho de *Corte na Aldeia* citado, o Doutor afirma que "maravilhosa é a história para exemplo". Essa afirmação é fundamental para entender-se a construção da *persona* histórica Bernardo Ravasco nos séculos XVII e XVIII, pois, como ressalta Ernst Robert Curtius, o *paradeigma* ou *exemplum* é "um termo da retórica antiga, desde Aristóteles, e significa 'história em conserva para exemplo'. A isso se ajuntou (desde perto de 100 a.C.) uma nova forma de *exemplum* retórico, que depois se tornou a importante figura de exemplo ou 'imagem' (*eikon, imago*), isto é, a incorporação de uma qualidade numa figura: *Cato ille virtutum viva imago*".[7]

---

6 Lobo, Francisco Rodrigues. *Corte na Aldeia e Noites de Inverno*. Prefácio e notas Afonso Lopes Vieira. 3ªed. Lisboa: Sá da Costa, 1972, p.199.

7 Curtius, Ernst Robert. *Literatura Européia e Idade Média Latina*. Tra-

E é assim que Barbosa Machado retrata Bernardo Ravasco, como uma viva imagem da virtude, para que tal *imago* sirva como *exemplum*. Isso porque o que prevalece nos anos seiscentos e setecentos é ainda a noção antiga de história, sintetizada pelo conhecido *topos*[8] ciceroniano: *historia magistra uitae*. A esse respeito, Reinhart Koselleck elucida que, até o século XVIII, predomina a utilidade ou o proveito das "histórias" (no plural), apresentadas como modelos de doutrinas morais, teológicas, jurídicas, políticas etc., ou seja, o que caracteriza essa produção sobre o passado é sua função exemplar.[9] Por isso, Barbosa Machado exalta o "sumo valor" e a "fidelidade" do *paradeigma* Ravasco, cuja *uita*, virtuosa e exemplar, sempre esteve a serviço da "Pátria, ou fosse como soldado, ou como político".

E a elaboração dessa *uita* na *Biblioteca Lusitana* fundamenta-se ainda em outro *topos* antigo, o das "armas e letras", que, bastante recorrente nas letras portuguesas e luso-brasileiras dos séculos XVI a XVIII, confere verossimilhança à *persona* histórica Bernardo Ravasco:

> Pelo largo espaço de quatorze annos occupando os postos de Alferes, e Capitão da Infantaria mostrou os heroicos espiritos que lhe animavaõ o coração, achando-se nas mais perigosas occasiões, principalmente quando o Conde Nazau em o anno de 1638. assaltou as

---

dução de Teodoro Cabral, com a colaboração de Paulo Rónai. 2ª ed. Brasília: Instituto Nacional do Livro, 1979, p.62.

8 Segundo Heinrich Lausberg, os *topoi* (ou *loci*, em latim) "constituyen depósitos de ideas de los que se pueden tomar los pensamientos que convenga." (*Manual de retórica literaria: fundamentos de una ciencia de la literatura*. Versión española de José Pérez Riesco. Volumen I. 4ª reimpresión. Madrid: Gredos, 1999, p.313).

9 Cf. Koselleck, Reinhart. *Futuro Passado: contribuição à semântica dos tempos históricos*. Tradução de Wilma Patrícia Maas e Carlos Almeida Pereira; revisão de César Benjamin. Rio de Janeiro: Contraponto; Ed. Puc-Rio, 2006, p.41-60.

> trincheiras do Forte de Santo António onde com morte de muitos Olandezes recebeo huma penetrante ferida na maõ esquerda. Ainda foy mayor a valentia com que no anno de 1647. impedio que na Ilha de Itaparica se fortificasse o General Sigismundo, e ultimamente já quando por estar reformado no anno de 1651. parecia naõ ter obrigaçaõ de empunhar as armas, se embarcou animosamente em huma Canoa, naõ obstante a furiosa tempestade que corria, e soccorreo ao Mestre de Campo Nicoláo Aranha para que quatro Náos Olandezas naõ infestassem os Engenhos de Peragassu.[10]

Nesse trecho, desenvolve-se o primeiro polo daquele *topos* que conjuga "armas e letras", ou seja, o Ravasco retratado teria sido um valente homem de armas, mostrando em suas ações bélicas sempre "os heroicos espíritos que lhe animavam o coração". Para tanto, são ressaltados três eventos históricos (não escolhidos ao acaso) em que mais teria sobressaído a *areté* guerreira do alferes e depois capitão Ravasco, defendendo a América Portuguesa contra as (como ficaram conhecidas) "invasões holandesas": o "assalto" do Conde Maurício de Nassau ao Forte de Santo Antônio em 1638, a "invasão" da Ilha de Itaparica, em 1647, comandada pelo general Sigismund von Schkopp, aliado de Nassau, e, finalmente, o socorro que prestou Bernardo Ravasco, mesmo estando já "reformado" (1651), ao mestre de campo Nicolau Aranha, a fim de proteger os engenhos de Paraguaçu da investida de quatro naus holandesas. A participação em tais eventos torna verossímil a *fortitudo* desse Ravasco, que se conjuga, como se observará mais adiante, com sua *sapientia*. Ademais, essa descrição da valentia bélica do letrado Bernardo é mimeticamente decorosa, especialmente ao mencionar a "penetrante ferida na mão esquerda" que teria ele recebido em

---

10 Machado, Diogo Barbosa. *Bibliotheca Lusitana*, tomo I, op.cit., p.538.

batalha contra os holandeses, pois segue afamados modelos ibéricos dos anos quinhentos e seiscentos, como Camões e Cervantes: ambos conhecidos como duas grandes *auctoritates* das letras, mas também como homens de armas, tendo igualmente sofrido graves ferimentos decorrentes de batalhas. Logo, parece evidente que as construções dessas *personae* norteiam-se pelo *topos* das "armas e letras", cuidadosamente examinado por Curtius[11] e por Luís de Sousa Rebelo. Este segundo estudioso, baseando-se no primeiro, salienta que já em Homero "a mais alta virtude guerreira consiste num equilíbrio harmonioso entre as forças físicas e a qualidade da inteligência";[12] e é na *Eneida* de Virgílio que se cristaliza a bipolarização *fortitudo-sapientia*. Esse tópico antigo adquiriu, então, particularmente no século XVI, sua configuração moderna como "armas e letras", concretizando-se, por exemplo, em *Il Cortegiano* de Baldassare Castiglione, como "ideal da educação cortesã"; mais ainda: dito *topos* alcançou "uma voga intensa e a sua plena realização, em Espanha, nos séculos XVI e XVII".[13] Portanto, é retórica e historicamente adequado que Bernardo Ravasco seja descrito, na *Biblioteca Lusitana*, como homem de valentia exercitada e comprovada na guerra. E essa sua virtude bélica se coaduna com sua excelência como *persona* histórico-política; daí Barbosa Machado, após exaltar os feitos militares do retratado, continuar a descrição dessa *uita* da seguinte maneira:

> Iguaes, ou mayores foraõ os seus serviços quando exercitou até a morte o lugar de Secretario de Estado, e Guerra do Brazil, em cujo ministerio em que foy

---

11 *Literatura Européia e Idade Média Latina*, op.cit., p.174-189.
12 Rebelo, Luís de Sousa. *A tradição clássica na literatura portuguesa*. Lisboa: Livros Horizonte, 1982, p.195.
13 *Idem*, p.196.

> provido pela Magestade del Rey D. Joaõ o IV. a 7. de Março de 1650. encheo as obrigações de taõ grande officio com summo desinteresse, e grande capacidade, merecendo em premio que El Rey D. Pedro II. o fizesse Fidalgo de Sua Caza, e Alcayde mòr da Cidade de Cabo Frio. Foy ornado de prezença agradavel, entendimento agudo, e memoria feliz. Retribuhio aggravos com beneficios sem que nunca em o semblante se descobrisse o menor sinal de indignaçaõ. Como era naturalmente generoso dispendeo o que possuhia mais em remedio da pobreza, que ostentaçaõ da vaidade.[14]

A bravura militar justifica, dessa forma, a excelência política, havendo sido o Ravasco alçado pelo próprio rei D. João IV a "Secretário de Estado e Guerra do Brasil", em 07 de março de 1650; cargo esse que exerceu exemplarmente (segundo Barbosa Machado) até sua morte, em 1697. Acerca dessa *persona* histórico-política, um dos poucos estudos é o de Pedro Puntoni, intitulado "Bernardo Vieira Ravasco, secretário do Estado do Brasil: poder e elites na Bahia do século XVII".[15] Esse trabalho fundamenta-se não somente na *Biblioteca Lusitana* de Barbosa Machado, mas também em outros escritos dos séculos XVII e XVIII, para fazer um detalhado retrato historiográfico da vida e da carreira política de Bernardo Ravasco. Puntoni indica, por exemplo, talvez na esteira de Sacramento Blake[16] (embora nenhum dos dois explicite suas fontes), 1617 como possível ano de nascimento do irmão do Padre Vieira, "apenas dois anos depois da chegada [à cidade da

---

14 Machado, Diogo Barbosa. *Bibliotheca Lusitana*, tomo I, op.cit., p.538.

15 In: Puntoni, Pedro. *O Estado do Brasil: poder e política na Bahia colonial 1548-1700*. São Paulo: Alameda, 2013, p.199-241.

16 Cf. Blake, Augusto Victorino Alves Sacramento. *Diccionario Bibliographico Brazileiro*. Primeiro Volume. Rio de Janeiro: Typographia Nacional, 1883, p.420.

Bahia] de seus pais, Cristóvão Vieira Ravasco e Maria de Azevedo"[17] (informação que não consta na *Biblioteca Lusitana*). O estudioso ressalta ainda, com base em uma carta de mercê datada de 20 de abril de 1646 e divergindo de Barbosa Machado, que Bernardo Ravasco já era Secretário do Estado do Brasil nessa data; e no exercício desse alto cargo, ele secundava o governador-geral e era o primeiro oficial de despacho, sendo consultado "em quase todas as pequenas e grandes questões"; além disso, era ele também "dono do cartório do Estado – o que lhe dava não pouco poder na gestão cotidiana dos papéis da administração, nas cópias das patentes, na ordem do acervo de decisões, ou seja, no controle do arquivo daquela jurisdição".[18] Portanto, tal cargo proporcionava-lhe um notável poder político-administrativo na América Portuguesa do Seiscentos, visto que,

> para além do controle notarial de parte da prática política e administrativa do Estado do Brasil, notadamente nas matérias de justiça (provimento e confirmação dos ofícios) e de guerra, Ravasco estava numa posição extremamente privilegiada para gerir facilmente o "segredo de Estado", uma vez que a "memória burocrática" que seu ofício constituíra lhe dava praticamente o monopólio desses saberes *(arcana práxis)*. Podia, em vários momentos, impor sua opinião ao Conselho e ao governador, quando não ao próprio rei, na medida em que tinha consigo a memória dos procedimentos da administração, o corpo das decisões.[19]

Tamanho poder, evidentemente, também gerou contendas e

---

17 Puntoni, Pedro. "Bernardo Vieira Ravasco, secretário do Estado do Brasil: poder e elites na Bahia do século XVII",op.cit., p.209.

18 *Idem*, p.203.

19 *Idem*, p.232.

desafetos. Como mostra Marco Antônio Nunes da Silva, não foi só o Padre Antônio Vieira que teve "sobre si os olhos da Inquisição"; Bernardo Ravasco, embora não tenha sido processado pelo Tribunal do Santo Ofício, como o foi seu célebre irmão, "a ele foi denunciado em 1666". O responsável por essa denúncia foi Simão Ferreira da Câmara, vigário de Vila Velha, na Bahia, e seu teor consistia em uma suposta defesa que Bernardo Ravasco teria feito de seu irmão, cuja prisão decorreu de "um livro que compusera em que tratava algumas coisas contra a nossa santa fé"; teria dito, então, Bernardo "a muitas pessoas que também na nossa santa fé havia muitas coisas em que se podiam duvidar".[20] Essa alegada defesa fraternal, fundamento da denúncia de Ferreira da Câmara, começou a ser investigada pela Inquisição em julho de 1669, havendo menção de oitiva de uma única testemunha, em 17 de fevereiro de 1670, referida como "o reverendo padre pregador frei Isidoro da Trindade, pertencente à sagrada religião de São Bento, homem de 55 anos de idade", e registrando-se seu testemunho acerca do caso nos seguintes termos: "se sabe que alguma pessoa dissesse que em nossa santa fé católica havia muitas coisas em que se podia duvidar, disse que a ninguém ouvira tal e do costume não teve lugar".[21] Assim registrada nos *Cadernos do Promotor* da Inquisição de Lisboa, essa denúncia contra Bernardo Ravasco não se transformou em processo nem causou maiores problemas ao denunciado, diferentemente daquela bastante conhecida em desfavor de seu irmão.[22]

---

20 Silva, Marco Antônio Nunes da. "Bernardo Vieira Ravasco e a Inquisição de Lisboa". In: *Politeia: História e Sociedade*, Vitória da Conquista, v. 11, n. 1, 2011, p.74.

21 *Idem*, p.75.

22 Em relação ao processo do Padre Vieira na Inquisição, foge aos intuitos deste trabalho detalhar o assunto. Indicam-se, contudo, o estudo e a edição feitos por Adma Muhana: *Os Autos do Processo de Vieira na Inquisição*. 2ª ed. São Paulo: Edusp, 2008.

Saudades de Lídia e Armido, poema atribuído a Bernardo [...] 21

No entanto, além desse episódio com a Inquisição lisboeta, Bernardo enfrentou, no próprio Estado do Brasil, dificuldades mais graves, decorrentes de sua privilegiada condição familiar e política, pois se tratava de um Secretário de Estado e Guerra pertencente ao importante (e com inimigos também poderosos) clã Vieira Ravasco. Tais dificuldades levaram-no a duas prisões. As circunstâncias que provocaram o primeiro desses encarceramentos, em 1666, resume-as Puntoni:

> Foi durante o governo do conde de Óbidos (1663-67), que havia sido feito, como Montalvão, vice-rei do Brasil. Membro do grupo que apoiou o golpe de 1662 que deu plenos poderes a d. Afonso VI, d. Vasco de Mascarenhas alinhava-se, no Brasil, contra os amigos do Duque de Cadaval e do infante d. Pedro. No seu primeiro ano em Salvador, entrou em conflito com o Tribunal da Relação e procurou desarticular esquemas de controle do sistema político presos aos interesses da oligarquia do açúcar. Provavelmente em maio de 1665, o conde, alegando uma conspiração contra seu governo, mandou prender o chanceler da Relação, Lourenço de Brito Correa, seu filho e outros três capitães. Remetidos para Lisboa na frota de agosto, outros ainda seriam implicados. Em 1666, acusado de apoiar o partido dos conjurados, Ravasco ficou mais de ano na prisão, onde, segundo consta, ainda era procurado pelos escrivães públicos. Sua prisão deu-se em maio de 1666 e, durante um ano, não podia exercer sua secretaria, que passou, por provisão, para Antonio de Souza Azevedo. Em agosto, o secretário conseguiu enviar uma carta ao Rei, denunciando os descaminhos da fazenda e o mal governo do conde. (...) Ravasco deve ter ficado na prisão

até o fim do seu governo, em junho de 1667, quando foi (provavelmente pelo novo governador, Alexandre de Souza Freire) restituído ao posto.[23]

Mais conhecido, o segundo encarceramento de Bernardo Ravasco é devidamente deslindado por estudiosos como Pedro Calmon[24] e Stuart B. Schwartz. Assim, de acordo com Schwartz, o protagonista desse episódio foi Antônio de Sousa Meneses, alcunhado de "Braço de Prata" e governador-geral do Estado do Brasil de 1682 a 1684. Entre os diversos desafetos de Sousa Meneses, estavam, especialmente, Bernardo Ravasco, seu filho Gonçalo Ravasco Cavalcanti de Albuquerque e o Padre Vieira. E dos aliados do "Braço de Prata", destacava-se o alcaide-mor Francisco Telles de Meneses, que tinha igualmente como inimigos os Vieira Ravasco. Em decorrência dessas (e de outras) alianças e rivalidades políticas e familiares, em 4 de junho de 1683, Telles de Meneses sofreu uma emboscada, sendo atacado por onze homens mascarados e assassinado; os culpados (entre os quais, possivelmente, Gonçalo Ravasco) fugiram para o Colégio Jesuíta. Como consequência de um ataque de tamanha proporção, à luz do dia, contra um alto funcionário (o alcaide-mor) do Estado, Antônio de Sousa Meneses, enfurecido, mandou cercar o Colégio Jesuíta com a guarda palaciana. "Seguiu-se uma série de prisões, com as quais o governador-geral tentou deter todos os que se opunham à facção de Telles de Meneses. Bernardo Vieira Ravasco foi levado para uma masmorra e o próprio padre Vieira foi acusado de cumplicidade no crime".[25] Contudo, o desfe-

---

23 Puntoni, Pedro. "Bernardo Vieira Ravasco, secretário do Estado do Brasil: poder e elites na Bahia do século XVII", op.cit., p.234-235.

24 Calmon, Pedro. *O crime de Antonio Vieira*. São Paulo: Melhoramentos, 1931.

25 Schwartz, Stuart B. *Burocracia e sociedade no Brasil colonial: o Tribunal Superior da Bahia e seus desembargadores, 1609-1751*. Tradução de Berilo Vargas. São Paulo: Companhia das Letras, 2011, p.224.

cho dessa contenda foi favorável aos Vieira Ravasco, que logo foram absolvidos, conseguindo Bernardo sua liberdade e a restituição de seu cargo de Secretário do Estado do Brasil; já Antônio de Sousa Meneses, politicamente derrotado, recebeu ordem régia para voltar ao reino e, consequentemente, foi substituído no cargo de governador-geral em 1684.

Retomando-se a *Biblioteca Lusitana* de Barbosa Machado, nota-se que esses episódios da vida prática de Bernardo Ravasco não são mencionados, já que não atendem ao decoro do gênero epidítico (no caso, cabe ressaltar, o discurso visa ao encômio do retratado). Por outro lado, é adequado, como faz Barbosa Machado no último trecho citado da *Biblioteca Lusitana*, pôr diante dos olhos (*euidentia*) as virtudes do *ethos* político da *persona* histórica Bernardo Ravasco, que exerceu "com sumo desinteresse e grande capacidade" o importante cargo (referido como "tão grande ofício") de Secretário de Estado e Guerra do Brasil. O Ravasco político, destarte, teve sucesso em sua vida prática (sempre no campo do verossímil) por ser "ornado de presença agradável, entendimento agudo e memória feliz". A presença diz respeito ao aspecto físico; o entendimento – como ensina, atualizando o *noûs* aristotélico, o *Vocabulário Português e Latino* de Raphael Bluteau – é a "potência espiritual e cognoscitiva da Alma racional, com a qual se entendem os objetos, assim sensíveis como não sensíveis, e fora da esfera dos sentidos; a qual potência abraça a verdade por assenso e foge do que é falso por dissenso";[26] e a memória, conforme o mesmo Bluteau, é a "faculdade d'alma na qual se conservam as espécies das cousas passadas, e por meio da qual nos lembramos do que vimos e ouvimos".[27] Dessa forma ornamentado, compõe-se o modelar

---

26 Bluteau, Raphael. *Vocabulario Portuguez, & Latino*. Vol.3. Coimbra: No Collegio das Artes da Companhia de Jesus, 1712, p.141.

27 *Idem*, Vol.5. Lisboa: Officina de Pascoal da Sylva, Impressor de Sua Ma-

político Ravasco: fisicamente agradável, intelectualmente agudo e mnemonicamente feliz. A essas qualidades do corpo e da alma correspondem, verossimilmente, suas ações: "Retribuiu agravos com benefícios sem que nunca em o semblante se descobrisse o menor sinal de indignação. Como era naturalmente generoso dispendeu o que possuía mais em remédio da pobreza, que ostentação da vaidade". Essa descrição da vida prático-política de Bernardo Ravasco pauta-se, sobretudo, pelas concepções aristotélica e ciceroniana de virtude (*areté*, *uirtus*), coadunadas com a doutrina cristã.

Como se verifica na *Ética a Nicômaco*, Aristóteles aponta como finalidade da vida humana a *eudaimonia* ("bem-estar", que alguns traduzem como "felicidade") e, para alcançá-la, é necessário viver conforme o *logos* ("razão"), o que implica, enfim, viver de acordo com a *areté* ("virtude" ou "excelência"). E o filósofo define a "virtude" da seguinte maneira:

> A excelência moral [*areté*], então, é uma disposição da alma relacionada com a escolha de ações e emoções, disposição esta consistente num meio termo (o meio termo relativo a nós) determinado pela razão (a razão graças à qual um homem dotado de discernimento o determinaria). Trata-se de um estado intermediário, porque nas várias formas de deficiência moral há falta ou excesso do que é conveniente tanto nas emoções quanto nas ações, enquanto a excelência moral encontra e prefere o meio termo. Logo, a respeito do que ela é, ou seja, a definição que expressa a sua essência, a excelência moral é um meio termo, mas com referência ao que é melhor e conforme ao bem ela é um extremo. (Ética a *Nicômaco*, II, 6, 1106b).[28]

---

gestade, 1716, p.414.

28 Aristóteles. Ética a Nicômacos. Tradução do grego, introdução e notas

Saudades de Lídia e Armido, poema atribuído a Bernardo [...]   25

Nesse trecho, evidencia-se que a virtude é uma disposição da *psyché* que consiste em um meio termo (*mesotés*), determinado pela razão (*logos*), entre a deficiência e o excesso; ela depende, portanto, de um correto discernimento ou entendimento para encontrar o meio termo conveniente tanto no domínio dos afetos (*pathé*) quanto no das ações.

Também relevante para compreender-se a alegada sabedoria prática do Ravasco político é a noção ciceroniana de *uirtus*, que Quentin Skinner aponta entre os elementos que contribuíram para "as fundações do pensamento político moderno". Segundo Skinner, "Petrarca foi o primeiro a redescobrir o senso que Cícero tinha dos corretos objetivos da educação". Esse senso, que se encontra exposto nas *Tusculanae Disputationes*, indica que a meta da educação deve ser "a virtude única (*uirtus*), que eclipsa tudo o mais", de modo a formar o *uir uirtutis*, isto é, o homem de virtude.[29] Elucida, então, o estudioso que os chamados "humanistas" estabeleceram, nos séculos XIV a XVI, alguns critérios ou pressuposições para atualizar a concepção ciceroniana de *uirtus*: em primeiro lugar, deve-se assentar que o mais alto nível de excelência está ao alcance de todos os homens; além disso, é essencial que haja uma educação adequada para atingir-se esse objetivo; finalmente, "o conteúdo de tal educação deve concentrar-se num estudo interligado da filosofia antiga e da retórica".[30]

Dessa forma, na *Biblioteca Lusitana*, a representação das ações políticas da *persona* histórica Bernardo Ravasco mostra-se decorosa e verossímil, seguindo convenções antigas e modernas. Surge

---

de Mário da Gama Kury. 3ª ed. Brasília: Editora da UNB, 1999, p.42.

29 Skinner, Quentin. *As fundações do pensamento político moderno*. Tradução de Renato Janine Ribeiro e Laura Teixeira Motta. 6ª reimpressão. São Paulo: Companhia das Letras, 1996, p.108.

30 *Idem*, p.109.

diante dos olhos do leitor ou ouvinte dessa *uita* a imagem do Ravasco *uir uirtutis* católico, cuja excelência é digna de imitação para preservar-se a perfeita saúde do *corpus mysticum* do Antigo Estado português, que tinha como cabeça o rei. Daí, evidentemente, o Secretário do Estado do Brasil sempre retribuir aos agravos com benefícios, sem qualquer tipo de indignação; daí, cristão exemplar e generoso como ele era, dispender do que possuía para ajudar os pobres, repugnando o pecado da vaidade. Como se observa no fim do trecho da *Ética a Nicômaco* transcrito anteriormente, a *areté* "é um meio termo, mas com referência ao que é melhor e conforme ao bem ela é um extremo"; por isso, a absoluta excelência do Secretário Ravasco é representada como um extremo da bondade cristã.

Finalizados os modelares caracteres militar e político da *persona* retratada, Barbosa Machado apresenta, em seguida, com base no outro polo daquele *topos* das armas e das letras, o também excelente Bernardo Ravasco letrado:

> Teve natural genio para a Poezia que practicou com tanta felicidade que os seus versos eraõ conhecidos pela elegancia do metro, e fineza dos pensamentos, sem que tivessem o seu nome. Naõ teve menor instrucçaõ da Historia Sagrada, e Profana, e da Geografia.[31]

Esse Ravasco letrado – que teve, em particular, "natural gênio para a poesia" – será devidamente discutido, mais adiante neste estudo, ao tratar-se de tal *persona* poética. Por enquanto, salienta-se apenas que aquela virtude ou excelência de Bernardo nas armas e na política concorda com essa nas letras, dando verossimilhança à sua *auctoritas* como poeta. E, nesse ofício, era de se esperar que ele não somente praticasse "com tanta felicidade"

---

31 Machado, Diogo Barbosa. *Bibliotheca Lusitana*, tomo I, op.cit., p.538.

Saudades de Lídia e Armido, poema atribuído a Bernardo [...] 27

seus versos (de metros elegantes e pensamentos finos), mas também que tivesse "instrução" de história sagrada e profana e de geografia, sugerindo, talvez, que, além de lírico, fosse igualmente grande poeta épico.

Concluído o *topos* das armas e das letras, a *Biblioteca Lusitana* dá conta, então, da morte, do sepulcro e da sucessão de Bernardo Ravasco (*persona* histórica):

> Accommetido da ultima infirmidade, e preparado com os Sacramentos falleceo a 20. de Julho de 1697. dous dias depois da morte de seu Irmão o P. Antonio Vieyra, e naõ hum, como escreve Sebastiaõ da Rocha Pitta *Hist. da America Portug.* liv. 8. §. 56. onde reflecte como mysteriosa circunstancia que morresse da mesma infirmidade que privou da vida a seu Irmaõ. Jaz sepultado na Capella do Santissimo Sacramento Collateral da parte do Evangelho em o Convento do Carmo da Bahia, da qual era Padroeiro. Teve dous filhos naturaes; o primeiro chamado Christovaõ Vieyra Ravasco, que foy Capitão de Infantaria, e o segundo Gonçalo Ravasco Cavalcanti, e Albuquerque, Commendador da Ordem de Christo, e herdeiro do lugar de Secretario de Estado por Provizaõ do Serenissimo Principe Regente D. Pedro, passada a 22. de Mayo de 1676. e da Alcaydaria de Cabo Frio, o qual foy cazado com D. Leonor Jozepha de Menezes filha do Sargento mór Diogo Moniz Barreto, de quem naõ deixou successaõ.[32]

Assim, Barbosa Machado afirma ser 20 de julho de 1697 a data da morte de Bernardo Ravasco, dois dias após a de seu irmão, o Padre Vieira, e não um dia, como informa Sebastião da Rocha Pitta em sua *História da América Portuguesa*:

---

32 *Idem, ibidem.*

> Cousa digna de reparo he, que Bernardo Vieira Ravasco, natural da Bahia, Secretario do Estado do Brasil, taõ perito nesta occupaçaõ, como sciente em muitas Faculdades, irmaõ do Padre Antonio Vieira na natureza do sangue, e na subtileza do engenho, adoecesse ao mesmo tempo, e do mesmo achaque, que seu irmaõ; e fazendo a enfermidade os proprios termos, e symptomas em ambos, morressem juntamente, o Padre Antonio Vieira primeiro, e Bernardo Vieira hum dia depois.[33]

Nesse trecho da obra de Rocha Pitta, sobressai não só a divergência apontada por Barbosa Machado acerca do dia em que faleceu Bernardo Ravasco, mas também a convergência entre a *História da América Portuguesa* e a *Biblioteca Lusitana* em acentuar a *auctoritas* dessa *persona* histórico-política devido ao seu parentesco com o Padre Vieira, de quem era irmão tanto "na natureza do sangue" quanto "na sutileza do engenho". Por isso, o simultâneo adoecimento, em razão da mesma enfermidade, e a proximidade das mortes dos irmãos são argumentos verossímeis para a construção das *personae* histórica e poética Bernardo Ravasco, excelente Secretário do Estado do Brasil e poeta engenhoso. Essa estreita relação de sangue e de engenho entre os irmãos, atestada pelo *topos* de suas mortes quase simultâneas, é igualmente difundida em versos, como no soneto que tem como didascália *Sucessiva morte dos em tudo parecidos irmãos, o padre Antonio Vieira e Bernardo Vieira Ravasco*, também compilado por Antônio Correia Vianna no século XVIII, que o atribui a um Carlos José de Miranda, suposto poeta praticamente desconhecido. Pedro Puntoni transcreve esse poema em seu já mencionado traba-

---

33 Pitta, Sebastião da Rocha. *Historia da America Portugueza, desde o anno de mil e quinhentos do seu descobrimento, até o de mil e setecentos e vinte e quatro*. Lisboa Occidental: Na Officina de Joseph Antonio da Sylva, Impressor da Academia Real, 1730, p.490-491.

lho, dando como certa a data de sua composição, 1697, com base na informação de Correia Vianna; no entanto, prefere-se, neste estudo, tomar essa data apenas como verossímil.

> Estes irmãos, que em fama e que em grandeza
> igualaram, por glória, ou por porfia,
> com um laço, na vida, a simpatia,
> com um golpe, na morte, a natureza.
>
> Iguais no amor, iguais na gentileza,
> qualquer morrer primeiro pretendia.
> Mas o que *Antônio* fez por cortesia
> soube fazer *Bernardo* por fineza.
>
> Porém, como uma a outra se alentava,
> cada qual destas vidas, que por sorte
> da que partia pendia a que ficava;
>
> Precisa razão foi de amor tão forte,
> se um alento a ambos os corpos animava,
> que acabasse a ambas as vidas uma morte.[34]

Além desse, vale referir outro soneto, de uma importante *auctoritas* poética das letras luso-brasileiras: Manuel Botelho de Oliveira, que embora um pouco mais jovem (nasceu em 1636, na Bahia), foi contemporâneo dos irmãos Vieira Ravasco. Tal poema de Botelho de Oliveira, publicado em sua *Música do Parnaso*, faz uma "ponderação da morte do Padre Antônio Vieira, e seu irmão Bernardo Vieira ao mesmo tempo sucedidas":

> Criou Deus na celeste Arquitetura
> Dois luzeiros com giro cuidadoso,

---

34 *Apud* Puntoni, Pedro. "Bernardo Vieira Ravasco, secretário do Estado do Brasil: poder e elites na Bahia do século XVII", op.cit., p.199.

Um que presida ao dia luminoso,
Outro que presidisse à noite escura.

Dois luzeiros também de igual ventura
Criou na terra o Artífice piedoso;
Um, que foi da Escritura Sol famoso,
Outro, Planeta da ignorância impura.

Brilhando juntos um e outro luzeiro,
Com sábia discrição, siso profundo,
Não podia um viver sem companheiro.

Sucedeu justamente neste Mundo,
Que fenecendo aquele por primeiro,
Este também feneça por segundo.[35]

    Nos dois sonetos transcritos, salienta-se a "igualdade" dos irmãos, cujas qualidades se identificam: "Estes irmãos, que em fama e que em grandeza / igualaram", "Iguais no amor, iguais na gentileza", "Dois luzeiros também de igual ventura". Assim identificados, esses dois "luzeiros" brilharam juntos em vida, tendo ambos "sábia discrição" e "siso profundo". Mostra-se apropriado, então, "que acabasse a ambas as vidas uma morte", sucesso justo que se deu neste mundo. Desse modo, as mortes sucessivas de Antônio e de Bernardo são lugar-comum das letras luso-brasileiras desde, possivelmente, fins do século XVII, assegurando ao mais novo dos irmãos Vieira Ravasco sua *auctoritas* política e poética, e não, como se sugere anacronicamente, deixando-o à sombra do célebre padre seiscentista.

    Depois de referir a morte, a *Biblioteca Lusitana*, naquele mesmo trecho citado, dá conta do sepulcro de Bernardo Ravasco: foi

---

35 Oliveira, Manuel Botelho de. *Poesia completa: Música do Parnasso, Lira Sacra*. Introdução, organização e fixação de texto Adma Muhana. São Paulo: Martins Fontes, 2005, p.78.

sepultado na "Capela do Santíssimo Sacramento Colateral da parte do Evangelho", da qual ele era padroeiro, no Convento do Carmo da Bahia. Em seguida, é descrita sua sucessão: dois filhos "naturais", Cristóvão Vieira Ravasco, que foi capitão de infantaria, e Gonçalo Ravasco Cavalcanti e Albuquerque, que, seguindo os passos do pai, foi relevante *persona* política, substituindo-o como Secretário do Estado do Brasil, e, também de acordo com Barbosa Machado (no verbete referente a Gonçalo), "herdeiro dos dotes que ornaram a seu pai, principalmente do espírito poético".[36] Pedro Puntoni diverge da *Biblioteca Lusitana* e afirma haver tido Bernardo Ravasco, na verdade, três filhos (dois meninos e uma menina), frutos "de sua união ilícita [pois ele nunca se casou] com d. Felipa Cavalcanti de Albuquerque, filha de Lourenço Cavalcanti de Albuquerque", sendo esse Lourenço uma destacada figura nas guerras contra os holandeses, "comandando uma das companhias enviadas por Matias de Albuquerque de Pernambuco para a Bahia, atacada em 1624".[37] Então, além de Cristóvão e Gonçalo, mencionados por Barbosa Machado, faria ainda parte da sucessão de Bernardo, conforme Puntoni (que apresenta como fonte desta informação a *Vida do apostólico Padre Antonio Vieira da Companhia de Jesus* (1746), de André de Barros), uma menina chamada Bernardina Maria de Albuquerque, que morreu jovem e de quem pouco se sabe.[38]

Encerrando o retrato da "vida" de Bernardo Ravasco e comprovando sua excelência nas letras, a *Biblioteca Lusitana* elenca e comenta as obras (supostamente) compostas por essa *persona*: *Descrição Topográfica, Eclesiástica, Civil, e natural do Estado do Brasil* (Barbosa Ma-

---

36 Machado, Diogo Barbosa. *Bibliotheca Lusitana*. Tomo II. Lisboa: Na Officina de Ignacio Rodrigues, 1747, p.401.

37 Puntoni, Pedro. "Bernardo Vieira Ravasco, secretário do Estado do Brasil: poder e elites na Bahia do século XVII", op.cit., p.206-207.

38 *Idem*, p.208.

chado afirma possuir dessa obra uma "parte escrita da própria mão do Autor com estilo discreto e elegante", e transcreve o trecho inicial de tal parte); *Poesias Portuguesas e Castelhanas* (compostas em vários metros, estariam reunidas em quatro tomos manuscritos, "da própria mão do Autor", como teria visto o irmão de Diogo Barbosa Machado, o "Doutor Inácio Barbosa Machado, quando exercitava o lugar de Juiz de fora, e Provedor da Cidade da Bahia"); *Três Decimas à Senhora D. Isabel Princesa de Portugal tendo morto em Salvaterra de um tiro a um Javali* (impressas no quinto tomo da *Fênix Renascida*, em 1728). Além desses escritos, a *Biblioteca Lusitana* atribui ainda a Bernardo Ravasco um soneto castelhano[39] que teria saído impresso em uma obra intitulada *Coleção Política de Apotegmas Memoráveis*, transcrevendo o poema "para se conhecer claramente a facilidade da sua Musa (...) que fez estando no Paço à petição de Domingos de Aguiar Porteiro da Câmara da Rainha, acerca de um Papagaio que se oferecia à mesma Senhora, em o qual compete a discrição com a elegância". Contudo, esse mesmo soneto (com variações mínimas) foi publicado no terceiro tomo da *Fênix Renascida*, tendo como didáscalia *A um papagaio de Palácio, que falava muito* e sem qualquer atribuição de autoria;[40] curiosamente, Barbosa Machado não faz menção a esse fato, talvez para não colocar em dúvida a *auctoritas* poética do Ravasco.[41]

---

39 "Íris parlera, Abril organizado, / Ramillete de plumas con sentido, / Hybla con alma, irracional florido. / Primavera con pies, Jardin alado. // Quando del ayre libre enamorado / Barbaramente hablavas: oy polido / Preso te veo, y en vano divertido / Con la tema de nunca estar callado. //Tu en Palacio bien visto, y con cadena! / Quantos lloran la lastima que toco! / Si hablas bien ser discreto te condena. // Porque nò buelas, gritas como loco; / Quexate pues, que de Palacio es pena / Quexarse mucho los que buelan poco".

40 *A Fenix Renascida ou obras poeticas dos melhores engenhos portuguezes*. Segunda vez impresso e acrescentado por Mathias Pereira da Sylva. Tomo III. Lisboa: Offic. dos Herd. de Antonio Pedrozo Galram, 1746, p.254.

41 Cf. Machado, Diogo Barbosa. *Bibliotheca Lusitana*, tomo I, op.cit., p.538-539.

Saudades de Lídia e Armido, poema atribuído a Bernardo [...] 33

Seja essa *auctoritas* poética ou aquela política, não levá-las em consideração no estudo das letras e da história seiscentistas e setecentistas pode resultar em anacronismos como o mais corrente (e já mencionado neste trabalho) acerca de Bernardo Ravasco, isto é, a infundada pressuposição de que ele "ficava à sombra do ilustre predicante e do grande político do século XVII. Fora assim toda a sua vida".[42] Seu "ilustre" irmão, o Padre Antônio Vieira, era, evidentemente, um dos grandes pregadores, letrados e políticos do Seiscentos; entretanto, sua indiscutível grandeza não ensombrava Bernardo, mas era claro luzeiro da *auctoritas* dos Vieira Ravasco na política e nas letras. Em tempos de Antigo Regime português e de produções retóricas e poéticas que se norteavam pela *mimesis* ou *imitatio*, as relações de sangue eram argumentos de autoridade que atestavam a excelência da *persona* histórica e de tudo que a ela dizia respeito, compondo uma unidade[43] verossímil sob o nome Bernardo Vieira Ravasco. Assim se compreende melhor, por exemplo, o soneto laudatório de Manuel Botelho de Oliveira, cuja didascália (*À morte de Bernardo Vieira Ravasco, Secretário do Estado do Brasil*) acentua a *auctoritas* política do encomiado:

---

42 Puntoni, Pedro. "Bernardo Vieira Ravasco, secretário do Estado do Brasil: poder e elites na Bahia do século XVII", op.cit., p.200.

43 Embora tenha matéria e propósitos diferentes dos que se apresentam neste trabalho, é relevante lembrar, como referência, a tese de Alcir Pécora acerca da "unidade teológico-retórico-política dos sermões de Antonio Vieira". Como explica o próprio estudioso, "para Vieira, a base articulatória de sentido e eficácia dos sermões é dada por sua impregnação do divino (...), por sua *sacramentalidade*. Nessa perspectiva, não apenas seria inócuo considerar a qualidade de seus textos fora de sua propriedade retórico-política, como, ainda mais, não seria possível caracterizar corretamente uma e outra isentando-as de seu peso teológico e, com ele, de seu vetor teleológico." (Pécora, Alcir. *Teatro do Sacramento: a unidade teológico-retórico-política dos sermões de Antonio Vieira*. Campinas: Editora da Unicamp; São Paulo: Edusp, 2008, p.34-35).

> Ideia ilustre do melhor desenho
> Fostes entre o trabalho sucessivo,
> E nas ordens do Estado sempre ativo
> Era o zelo da Pátria o vosso empenho.
>
> Ostentastes no ofício o desempenho
> Com pronta execução, discurso vivo,
> E formando da pena o voo altivo,
> Águia se viu de Apolo o vosso engenho.
>
> Despede a morte, cegamente irada,
> Contra vós ua seta rigorosa,
> Mas não vos tira a vida dilatada:
>
> Que na fama imortal, e gloriosa,
> Se morrestes como Águia sublimada,
> Renasceis como Fênix generosa.[44]

Esse poema compõe, atendendo ao decoro, a unidade que constitui a *persona* Bernardo Ravasco: homem político e de letras. Politicamente, foi sempre ativo nas ordens do Estado, empenhado no zelo da Pátria, tendo mostrado no exercício de seu ofício (de Secretário do Estado do Brasil) pronta execução e discurso vivo. E como letrado, seu engenho foi tão elevado que, usando a pena para voo altivo, confundiu-se com a águia de Apolo (podendo esse deus ser compreendido como o sol ou a razão). Devido a essas qualidades, a *persona* encomiada é eternizada pela poesia,[45] que lhe dá fama gloriosa e imortal: de águia sublimada em vida, Bernardo

---

44 Oliveira, Manuel Botelho de. *Poesia completa: Música do Parnasso, Lira Sacra*, op.cit., p.77-78.

45 Como assinala Curtius, "já os antigos heróis de Homero sabiam que a poesia dá glória eterna aos que celebra (*Ilíada*, 6, 359). A poesia imortaliza. Os poetas gostam de insistir sobre o fato..." (*Literatura Européia e Idade Média Latina*, op.cit., p.507).

Saudades de Lídia e Armido, poema atribuído a Bernardo [...]

Ravasco renasce eternamente, após a morte, como Fênix generosa. Portanto, essa *persona* é histórica, porque foi retórica e poeticamente construída em retratos verossímeis que enformam o político e o letrado, cuja conformidade se sustenta, fundamentalmente, na *auctoritas* Vieira Ravasco. Do letrado se destacará, a seguir, o poeta, imagem refletida desse político de verossímil excelência.

II. A *persona* poética

A *auctoritas* poética de Bernardo Ravasco, como se observou no tópico anterior deste estudo, encontra-se afirmada e louvada na *Biblioteca Lusitana* de Barbosa Machado em três momentos. No primeiro trecho, a esse Ravasco poeta é atribuído um "natural gênio para a poesia", tendo sido sua prática poética tão feliz que os seus versos eram reconhecidos pela elegância do metro e fineza dos pensamentos, já indicando Barbosa Machado o grande problema que circunda essa *persona*: seus versos circularam sem que tivessem o seu nome, conhecendo-se, portanto, apenas parte insignificante de sua supostamente extensa e excelente obra. Desses escritos perdidos, Barbosa Machado, no segundo trecho em que trata do Bernardo Ravasco poeta, refere as *Poesias Portuguesas e Castelhanas*, compostas em vários metros e que consistiam em quatro tomos manuscritos "da própria mão do autor", podendo-se conjecturar que essas *Poesias* talvez fossem uma espécie de *opera omnia* perdida. E quem atesta sua existência é o próprio irmão do autor da *Biblioteca Lusitana*, que viu esses quatro tomos manuscritos quando exercia o cargo de "Juiz de fora e Provedor da Cidade da Bahia". Esse testemunho ocular é determinante para a construção da *persona* poética Bernardo Ravasco, pois lhe dá indiscutível autoridade, uma vez que, como esclarece Koselleck, nas concepções antigas de história (predominantes até fins do século XVIII), é essencial a menção às testemunhas (às vezes, o próprio historiador) que presenciaram o fato ou o evento para dar veracidade ao relato histórico. Daí serem empregadas, frequentemente, metáforas que remetem "a uma verdade nua e sem adornos, a ser reproduzida de forma precisa e objetiva"; e tais metáforas, "que contêm em si um realismo ingênuo, alimentam-se mais dos testemunhos oculares do que dos testemunhos auditivos que atestariam a verdade da história".⁴⁶ Nesse sentido, vale lembrar ainda que, de acordo com a *Poética* aristotélica, é ofício do historiador narrar aquilo que aconteceu, o "particular", ou seja, relatar as coisas que, de fato, sucederam, e não, como é ofício do poeta, o que poderia acontecer segundo a verossimilhança e a necessidade, referindo o "universal" (*Poética*, IX, 1451a, 36-39). Assim atestada a "verdade" histórica da *persona* poética Bernardo Ravasco, Barbosa Machado, no terceiro e último trecho em que dela trata, transcreve o já citado soneto *Íris parlera, Abril organizado*, atribuindo-o, como visto anteriormente, ao Ravasco poeta para dar a conhecer, claramente, "a facilidade da sua Musa". A *Biblioteca Lusitana* exemplifica, dessa forma, a verossímil excelência da *persona* poética.

Essa obra de Barbosa Machado é, certamente, uma das principais fontes (embora, muitas vezes, não citada de modo explícito) dos poucos estudiosos que fazem referência ao Bernardo Ravasco poeta. Assim, na esteira da *Biblioteca Lusitana*, supõem-se como versos publicados do poeta – excetuando-se o mencionado soneto *Íris parlera, Abril organizado*, cuja autoria é bastante incerta, tendo em vista, como já assinalado, estar esse mesmo poema publicado como anônimo na *Fênix Renascida* – apenas as três décimas em castelhano, que têm como didascália *A Senhora D. Isabel Princeza de Portugal havendo morto em Salvaterra hum javali com hum tiro*, impressas também nessa importante coletânea do século XVIII da poesia portuguesa seiscentista:

---

46 Koselleck, Reinhart. *Futuro Passado: contribuição à semântica dos tempos históricos*, op.cit., p.166.

De Bernardo Vieira Ravasco irmaõ do
Padre Antonio Vieira

DECIMAS

1

El famoso javali
De Erimantho en campo abierto
A manos de Hercules muerto
Entre sus trabajos vi:
Pero aquella hazaña aqui
Pierda ya la admiracion,
Pues con más bisarra accion
La mayor Ninfa del Tajo,
Lo que Hercules con trabajo,
Haze por recreacion.

2

Salio Venus Lusitana,
Que a Vulcano usurpa el arte,
A ser afrenta de Marte
En fatigas de Diana:
Marte su gloria profana
Transformado en javali
Por la de morir alli;
Ella fulmina, el murió,
Al rayo de plomo, nó,
A los de mirarle, si.

3

Cesse la cavallaria,
Venablos, monteros, perros,
Tantos fuegos, tantos erros,
Tanta madrugada fria;
Que para la montaria
De todo el bosque, que reta,

> Sin desvelos de trompeta,
> Ni de cavallos tropel,
> Basta sola una Isabel,
> Y en su mano una escopeta.[47]

Todavia, além dessas três décimas da *Fênix Renascida* mencionadas por Barbosa Machado e nas quais, vale sublinhar, também aparece, conforme lugar-comum da época, a *auctoritas* poética de Bernardo vinculada à sua estreita relação de sangue com o Padre Vieira, há ainda, na outra grande coletânea de poesia portuguesa seiscentista publicada no século XVIII, o *Postilhão de Apolo*, um poema composto por dez oitavas e atribuído à *persona* poética Bernardo Vieira. Ana Haherly[48] e Maria do Socorro Fernandes de Carvalho analisam essa composição, ressaltando a segunda pesquisadora tratar-se de um poema que glosa a temática do *memento*

---

47 *A Fenix Renascida ou obras poeticas dos melhores engenhos portugueses*, op.cit., tomo V, p.270 e 271. Na transcrição dessas décimas atribuídas a Bernardo Ravasco, optou-se por manter a ortografia e a pontuação originais.

48 Segundo Hatherly, "sem dúvida alguma, o retrato pintado por Bernardo Vieira baseia-se no poema atribuído a Eusébio de Matos, de que faz uma glosa em negativo, e não é de excluir a possibilidade de que ambos os poemas tenham por base outros modelos semelhantes de outros autores. De qualquer modo, trata-se provavelmente de um exercício poético entre colegas (amigos ou rivais), educados pelos mesmos mestres, vivendo, ao mesmo tempo e na mesma cidade, uma experiência cultural idêntica". (Hatherly, Ana. *O Ladrão Cristalino: aspectos do imaginário barroco*. Lisboa: Cosmos, 1997, p.113). A suposição a que chega a estudiosa, na segunda metade do excerto citado, baseia-se em critérios nitidamente anacrônicos, pois ela apresenta, a partir de uma perspectiva pós-romântica, como "verdades" as autorias dos dois poemas e como sujeitos individualizados os poetas; porém, essa "verdade autoral" e essa "subjetividade" absolutas não se sustentam em tempos nos quais as letras, em geral, e a poesia, em particular, pautavam-se por preceptivas retóricas e poéticas (antigas e modernas), fundadas, sobretudo, na imitação, na verossimilhança e no decoro.

mori e, como se verifica em sua didascália (*De Bernardo Vieira / Pelos mesmos consoantes / apllicando-as (sic) a hum Cadaver*), forma com o texto que o antecede na mesma coleção setecentista, isto é, o *Retrato de huma dama* feito em oitavas ditas de Eusébio de Matos (talvez não por acaso, o padre e irmão de Gregório de Matos), um díptico poético que "evidencia jocosamente a passagem do tempo por alguns signos de vida e morte".[49] Por ser um poema extenso e não consistir no foco principal deste trabalho, transcreve-se apenas a primeira oitava dessas dez atribuídas ao Bernardo Vieira poeta no *Postilhão de Apolo*:

> Quem vos mostra mudada a bizarria
> Da cara, q a luz dava á bella Aurora
> Creyo nenhuma affronta vos faria,
> Se a morte contemplara em vós Senhora:
> Porque sem luz vereis naquelle dia
> A cara, que brilhar vedes agora,
> Porque entaõ haveis ter só por estrella
> Ver em cinza desfeita a cara bela.
> (...).[50]

Esses dois poemas, ou seja, aquelas décimas da *Fênix Renascida* e essas oitavas do *Postilhão de Apolo* (desconsiderando-se, pelo motivo já explicitado, aquele soneto *Íris parlera, Abril organizado*) compunham, até meados do século XX, toda a obra poética impressa atribuída a Bernardo Ravasco. Porém, James Amado, em sua

---

[49] Carvalho, Maria do Socorro Fernandes de. *Poesia de agudeza em Portugal: estudo retórico da poesia lírica e satírica escrita em Portugal no século XVII*. São Paulo: Humanitas; Edusp; Fapesp, 2007, p.61.

[50] *Eccos que o Clarim da Fama dá: Postilhaõ de Apollo*. Por Joseph Maregelo de Osan. Lisboa: Na Offic. de Francisco Borges de Souza, 1761, p.256. Mantêm-se a ortografia e a pontuação originais.

edição de grande parte da poesia manuscrita dita de Gregório de Matos, intitulada pelo editor *Crônica do viver baiano seiscentista: obra poética completa*, publicou uma suposta disputa poética entre Gregório e Bernardo, na qual há mais dois textos, especificamente, dois sonetos com atribuição ao poeta Ravasco.[51] Mais recentemente, João Adolfo Hansen e Marcello Moreira editaram o *Códice Asensio-Cunha*, com poemas atribuídos a Gregório de Matos, entre os quais também se encontram os sonetos (quatro no total, sendo dois de cada poeta) que constituem tal certame poético. Este se inicia, então, com o seguinte poema:

> *Louva o Secretário de Estado Bernardo Vieira Ravasco a um sujeito, que foi à Costa da Mina, e lá fez ilustre ação.*
> **Soneto**
> Vindes da Mina, e só trazeis a fama,
> De que vosso valor fez alta empresa,
> Que não consiste a glória na riqueza,
> No seu desprezo sim, que honra se chama.
>
> O vosso zelo, que ambição se inflama,
> Do serviço fiel de Sua Alteza
> Lhe deu prudente aquela Fortaleza,
> Que é padrão imortal, que vos aclama.
>
> Quanto co'a espada, e c'o juízo obrastes,
> Quanto na África, e Europa merecestes,
> São ações, que convosco competistes.
>
> Não vos queixeis do pouco, que alcançastes,
> Pois na glória, em que a todos excedestes,
> Dificultais o prêmio, ao que servistes.[52]

---

51 *Crônica do Viver Baiano Seiscentista: obra poética completa; códice James Amado*. V.1. 4ªed. Rio de Janeiro: Record, 1999, p.188-189.

52 *Poemas atribuídos: Códice Asensio-Cunha*. Vol.1. Edição e estudo de

Na didascália dessa composição é patente a *auctoritas* política, "Secretário de Estado", da *persona* poética Bernardo Ravasco, estando adequada essa autoridade à matéria tratada. A esse soneto, "responde o Poeta [o suposto Gregório de Matos] a Bernardo Vieira Ravasco pelos mesmos consoantes por aquela Pessoa, a quem se fez obséquio".[53] Treplica, em seguida, a *persona* Bernardo com estes versos:

> *Continua Bernardo Vieira Ravasco em seu propósito pelos mesmos consoantes.*
>
> **Soneto**
> Nos assuntos, que dais à vossa fama,
> Têm as invejas mais ardente empresa,
> Pois se a glória do nome é mor grandeza,
> No vosso acende mais ativa a chama.
>
> A emulação, que sempre assim se inflama,
> O seu incêndio exala à suma alteza,
> Mas esse incêndio em rara fortaleza
> Salamandra vos faz, Fênix aclama.
>
> Quanto nas armas valeroso obrastes,
> Nas invejas prudente merecestes,
> Triunfando sempre nunca competistes.

João Adolfo Hansen e Marcello Moreira. Belo Horizonte: Autêntica, 2013, p.381.

53 "Hoje é melhor ter mina, que ter fama, / Que no tesouro se acha a nobre empresa, / Porque onde se idolatra só riqueza, / A glória dos progressos nada clama. // Ambicioso o avarento mais se inflama / Pertendendo subir à nova alteza, / E fragando nos bens a fortaleza, / Quer estragar a honra, que se aclama. // Mas vós, que a acreditar-me tanto obrastes, / Fiado, no que, é certo, merecestes, / Em mérito, a que sempre competistes: // A mim me dais a glória, que alcançastes, / Que como vós em tudo me excedestes, / Té para me abonar hoje servistes." (*Idem*, p.382).

> Mas outra maior glória inda alcançastes;
> Não há Musa, que conte, o que excedestes,
> Nem grandeza, que pague, o que servistes.[54]

Diante dessa tréplica, o suposto Gregório de Matos põe fim ao certame poético e "rende-se à Pessoa de Bernardo Vieira Ravasco neste soneto, pelos mesmos consoantes de outro feito à flor do Maracujá à folha 77 para constar ao dito que eram estas respostas do nosso Poeta".[55] Mostra-se, enfim, rendida ao "luzimento" do poeta Ravasco a *persona* Gregório que, logo a seguir no *Códice Asensio-Cunha*, apresenta nove oitavas encomiásticas, cuja didascália é *Ao Mesmo Secretário de Estado Bernardo Vieira Ravasco pedindo umas oitavas ao Poeta, em tempo, em que fazia anos convalescendo de uma grave doença*. Dessas oitavas, destaca-se a quarta:

> Discutindo esse globo das ciências
> No mapa desta esfera Americana,
> Acho um todo formado de excelências
> Maravilha fatal em forma humana:
> De modo se une, e formam as essências,
> Que o natural as graças vos germana:
> Mas que muito se vós no largo mundo
> Sois da graça, e ciências tão fecundo.[56]

---

54 *Idem*, 383.

55 "Ya rendida, y prostrada más que vana / A vuestros pies mi Musa reverente / Por coronar con ellos a su frente / Del suelo sube al cielo más lozana. // Por convencido ostenta gloria ufana, / Que tiene por corona floreciente / El quedarse rendida eternamente, / Porque humillada al triunfo se germana. // Rendimiento fiel haze pomposa, / Que en beber los castalios crecimientos / Se adquiere la ventura más dichosa. // A que Fénix no causa mil tormentos / Ver, que triunfa humillada, y tan gloriosa / por ser rendida a vuestro lucimiento". (*Idem*, p.384).

56 *Idem*, p.386.

Nesses versos, sobressai a unidade da *persona* Bernardo Vieira Ravasco, que reúne a graça (podendo ser compreendida tanto no aspecto físico quanto no campo teológico) e as ciências, isto é, a sabedoria. Compõe-se, portanto, essa *persona* como bela e sábia (consequentemente virtuosa), ecoando, em tempos cristãos, a noção grega antiga de *kalokagathia*. Como salienta Werner Jaeger, "o belo e o bom não passam de dois aspectos gêmeos de uma única realidade, que a linguagem corrente dos Gregos funde numa unidade, ao designar a suprema *arete* do Homem como 'ser belo e bom' (καλοκαγαθία)".[57] Nesse mesmo sentido, Robert Flacelière afirma que "le mot *calos* désigne à la fois ce qui est beau et ce qui est noble, et le mot *aïschros* ce qui est laid et ce qui est honteux. Donc, pour un Grec, la beauté est noblesse et la laideur est stigmate de honte".[58]

No entanto, não é essa a única disputa poética em que, presumidamente, o poeta Bernardo esteve envolvido; outra, mais conhecida, teria ocorrido entre ele e seu irmão. Esse segundo certame é referido, por exemplo, por João Carlos Teixeira Gomes[59] e João Adolfo Hansen, iniciando-se por um "soneto de Bernardo Vieira Ravasco, Secretário do Estado do Brasil, a seu irmão o padre Antonio Vieira, consoantes forçados":

> Se queres ver do Mundo um novo Mapa,
> Oitenta anos, atenta desta cepa
> por onde em ramos a cobiça trepa
> e emaranhada faz do tronco lapa.

---

57 Jaeger, Werner. *Paidéia: a formação do homem grego*. Tradução de Artur M. Parreira. 4ª ed. São Paulo: Martins Fontes, 2001, p.745.
58 Flacelière, Robert. *L'amour en Grèce*. Paris: Hachette, 1960, p.31.
59 Cf. Gomes, João Carlos Teixeira. *Gregório de Matos, o Boca de Brasa – Um estudo de plágio e criação Intertextual*. Petrópolis: Vozes, 1985, p.258 e ss.

Saudades de Lídia e Armido, poema atribuído a Bernardo [...] 45

> Morde com dentes, que não tem ca papa,
> com a língua fere, com a mão decepa,
> soldando oposto, livre de carepa
> que de tarde e manhã raivoso rapa.
>
> Os olhos de água, as faces de tulipa
> e cada um dos pés de pau garlopa,
> a boca grande e o corpo de chalupa
>
> A bofé muito, e muito pouca tripa,
> e a minha Musa, porque a tudo topa,
> é Apa, Epa, Ipa, Opa, Upa.

Conforme Hansen, por meio dos consoantes forçados ("apa, epa, ipa, opa, upa"), "que na época são codificados como jocosos ou cômico-burlescos, o soneto de Bernardo mantém a estrutura definicional ou sentenciosa"; já o poema[60] com que responde (sempre em termos verossímeis) seu irmão, o Padre Vieira, embora seja também um soneto "pelos mesmos consoantes", tem um caráter "decididamente moral".[61] Hansen ainda compara essas supostas composições dos irmãos Vieira Ravasco com o conhecido soneto atribuído a Gregório de Matos, *Neste mundo é mais rico o que mais rapa*, que emprega esses mesmos consoantes forçados.

---

60 "Sobe Bernardo da Eternidade ao Mapa / deixa do velho Adão a mortal cepa / pelo Lenho da Cruz ao Empírio trepa / começando em Belém na pobre Lapa. // Mais que Rei pode ser, e mais que Papa / Quem de seu coração vícios decepa / que a grenha de Sansão, tudo é carepa / e a gadanha da morte tudo rapa! // A flor da vida, é cor de tulipa / também dos secos anos é garlopa / que corta, como ao mar, corta a chalupa // Não há mister que o ferro corte a tripa / se na parte vital já tudo topa / em apa, epa, ipa, opa, upa."

61 Hansen, João Adolfo. *A sátira e o engenho: Gregório de Matos e a Bahia do século XVII*. 2ª ed. rev. São Paulo: Ateliê Editorial; Campinas: Editora da Unicamp, 2004, p.60-61. Na transcrição dos dois sonetos, seguiu-se a lição de Hansen.

Posto isso, cabe salientar, então, que o *corpus* poético impresso atribuído a Bernardo Ravasco resume-se, atualmente, a esses cinco poemas citados (afora os três versos transcritos por Calmon, como se verá adiante). Contudo, o *corpus* manuscrito dessa *persona* é mais extenso, havendo textos inéditos a serem estudados e publicados. Desse modo, trata-se de um poeta cuja *auctoritas* ainda precisa ser materialmente consolidada, escavando-se as ruínas letradas luso--brasileiras dos séculos XVII e XVIII. Por isso, esse Ravasco, quando aparece, é superficialmente abordado nos compêndios de literatura brasileira ou portuguesa e não se conhecem estudos críticos detalhados sobre sua *persona* poética e seus *corpora* impresso e manuscrito.

Nesse sentido, por exemplo, Francisco Adolfo de Varnhagen, em seu *Florilégio da Poesia Brasileira*, reportando-se àquela notícia referida na *Biblioteca Lusitana* de que Inácio Barbosa Machado (irmão do próprio Diogo Barbosa Machado) teria visto na Bahia quatro volumes manuscritos do poeta, lamenta a escassez da obra poética de Bernardo Ravasco: "infelizmente não chegaram a nosso conhecimento senão algumas poesias insignificantes em castelhano".[62] Ainda no século XIX, Sacramento Blake, em seu *Dicionário Bibliográfico Brasileiro*, pouco acrescenta às informações da *Biblioteca Lusitana* e afirma que "Bernardo Ravasco era muito versado na lingua castelhana, grande litterato e poeta. Não deu á publicidade suas composições poeticas e outras, colleccionadas".[63] Em sua *História da Literatura Brasileira*, José Veríssimo limita-se a mencionar esse Ravasco entre "os poetas que se convencionou reunir sob o vocábulo de grupo baiano".[64] Porém, quanto aos tex-

---

62 Varnhagen, Franciso Adolfo de. *Florilegio da Poesia Brazileira*. Tomo I. Lisboa: Imprensa Nacional, 1850, p.133.

63 Blake, Augusto Victorino Alves Sacramento. *Diccionario Bibliographico Brazileiro*, op.cit., p.421.

64 Veríssimo, José. *História da literatura brasileira: de Bento Teixeira (1601)*

Saudades de Lídia e Armido, poema atribuído a Bernardo [...] 47

tos em prosa atribuídos a Bernardo, Veríssimo apresenta dois que não constam no elenco de Barbosa Machado: *Discurso político sobre a neutralidade da Coroa de Portugal nas guerras presentes das Coroas da Europa e sobre os danos que da neutralidade podem resultar a essa Coroa e como se devem e podem obviar* (provavelmente de 1692) e *Remédios políticos com que se evitarão os danos que no discurso antecedente se propõem* (datado da Bahia, 10 de junho de 1693). Informa ainda o historiador que esses discursos, de 13 e 16 folhas respectivamente, "apareceram em cópia moderna na Exposição de História do Brasil realizada pela Biblioteca Nacional do Rio de Janeiro em 1881. À falta de outros méritos, esses escritos fariam de Vieira Ravasco o primeiro em data dos nossos publicistas".[65]

Considerações mais interessantes (embora também superficiais) acerca da *persona* poética Bernardo Ravasco são feitas por Pedro Calmon em sua *História da Literatura Bahiana*. Assevera Calmon que "Bernardo escrevia bem a sua prosa – perdida nas memórias, que lhe ficaram inéditas – e o verso elegíaco ou erótico, de que se conservam vários modelos. Se coligidos dariam um bom volume... mostrando um poeta verboso e medíocre". Essa apreciação pouco consistente merece menos atenção do que a nota de rodapé que a ela se refere, na qual o historiador indica que "na biblioteca dos duques de Cadaval, Lisboa, guarda-se um códice de poesias, ms., em que há várias de Bernardo Ravasco (cm. por Ribeiro Couto). Trata-se de livro ms., inédito, que foi do cônego Julião Maciel". Esse "livro manuscrito" continua inédito, a não ser por três versos que o próprio Calmon transcreve de um poema que tem como didascália *Falando Bernardo Vieira Ravasco consigo em ocasião que andava perseguido de muitas moléstias fez este soneto*: "Já Deus pode imitar ao meu perigo / Pois quanto cedo mais à tempestade, / Mais

---

a Machado de Assis (1908). Brasília: Editora da UnB, 1998, p.72.

65 *Idem*, 61-62.

no que cedo ao meu martírio sigo...".[66] Evidenciam-se, assim, a importância e a pertinência de se compulsarem os "papéis" seiscentistas e setecentistas em busca dos poemas ditos do Bernardo Ravasco poeta, pois em meio a essas letras está enublada uma relevante *auctoritas* poética luso-brasileira do século XVII que, possivelmente, pode ser restabelecida. Esse fato se reforça na *Enciclopédia de Literatura Brasileira*, dirigida por Afrânio Coutinho e José Galante de Sousa, na qual se acrescenta uma novidade ao provável *corpus* desse Ravasco[67] enquanto *persona* poética: "Saudade (*sic*) de Lídia e Armido (poema ms. em letra do século XVII, pertencente a Rubens Borba de Moraes)".[68]

São justamente essas inéditas *Saudades de Lídia e Armido* atribuídas a Bernardo Ravasco que se dão a público neste trabalho, com o intuito de contribuir para a consolidação da *auctoritas* poética dessa *persona* histórica seiscentista. Entretanto, como já salientado, conhece-se como fonte desse poema, além do manuscrito mencionado na *Enciclopédia de Literatura Brasileira* (e que atualmente está depositado na *Biblioteca Brasiliana Guita e José Mindlin*), aquele da *Biblioteca da Ajuda*, no qual esse texto supostamente composto por Bernardo faz parte de uma "miscelânea poética" compilada por Antônio Correira Vianna no século XVIII. Esses manuscritos e, especialmente, essas *Saudades* serão discutidos no próximo tópico deste estudo.

---

66 Calmon, Pedro. *História da Literatura Bahiana*. 2ª edição. Rio de Janeiro: José Olympio, 1949, p.28.

67 É interessante notar também que, nessa *Enciclopédia*, informa-se, sem explicações ou fontes, que Bernardo Ravasco teria nascido na Bahia, em 1619, propondo-se, portanto, um ano de nascimento diverso daquele mais consagrado pelos historiadores, isto é, 1617.

68 *Enciclopédia de literatura brasileira*. Direção de Afrânio Coutinho e José Galante de Sousa. Volume 2. Brasília: Fundação de Assistência ao Estudante (FAE) – Ministério da Educação e do Desporto, 1995, p.1124.

Saudades de Lídia e Armido, poema atribuído a Bernardo [...] 49

Antes, porém, é preciso situar esse poema e seu presumido poeta Ravasco em meio à abundante produção luso-brasileira seiscentista de oitavas, sonetos, romances, glosas, canções, madrigais, fábulas, epigramas e décimas (apenas para citar algumas das espécies de composição mais correntes no século XVII), na qual se verificam constantes incertezas de atribuição de autoria, de datação dos poemas e de variantes textuais. Isso porque as principais fontes dessa poesia – ou melhor, do que restou dessa poesia – são manuscritos e impressos seiscentistas e setecentistas que não se pautam por critérios autorais vinculados à "originalidade" (extemporânea a essas práticas letradas). Além disso, muitas vezes, a autoridade poética não decorre somente do nome de um poeta, e sim da própria composição, julgada excelente segundo os ditames do gênero em que está inserida. Daí a considerável quantidade de poemas que, embora circulem anônimos nos anos seiscentos, não perdem sua *auctoritas*.

A reflexão sobre as autorias – ou a falta delas – e sobre a datação dos poemas deve estender-se às próprias compilações de poesia portuguesa seiscentista, em particular às duas mais conhecidas (já citadas) que, vale lembrar, foram publicadas apenas no século XVIII: a *Fênix Renascida* e o *Postilhão de Apolo*;[69] como se observou, aliás, nessas coleções é que foram dados a público os primeiros poemas impressos atribuídos a Bernardo Ravasco. Os cinco volumes da *Fênix Renascida* foram editados em Lisboa por Matias Pereira da Silva, entre 1716 e 1728, sendo que em 1746 foi publicada uma segunda edição aumentada. Já o *Postilhão de Apolo* é uma compilação ainda mais tardia, datando de 1762. Embora sejam relevantes fontes impressas para aqueles que se interessam pela poesia seiscentis-

---

69 Alcir Pécora selecionou e publicou alguns poemas dessas duas compilações em uma edição que conta com uma esclarecedora introdução de João Adolfo Hansen: *Poesia seiscentista – Fênix Renascida e Postilhão de Apolo*. Organização de Alcir Pécora; Introdução de João Adolfo Hansen. São Paulo: Hedra, 2002.

ta portuguesa e luso-brasileira, essas duas coletâneas, quando cotejadas com outras compilações do Seiscentos e do Setecentos, tanto impressas como manuscritas, apresentam diversas atribuições de autoria e lições textuais questionáveis e, evidentemente, não encerram toda a poesia do século XVII, não estando representados nelas muitos nomes de importantes poetas portugueses e luso-brasileiros seiscentistas;[70] e, entre aqueles que são mencionados, falta muita coisa da obra poética que poderia lhes ser atribuída. Mas alguns estudiosos já vêm desenvolvendo essas questões, propondo novas autorias e outras variantes textuais para diversos poemas dessas duas prestigiadas coleções de poesia dos anos seiscentos.

Nesse sentido, é necessário destacar a importância de trabalhos como o de Maria de Lourdes Belchior Pontes que, em sua *Bibliografia de António da Fonseca Soares (Frei António das Chagas)*,[71] deu contornos mais precisos à obra desse poeta seiscentista. Além desse trabalho, é fundamental o estudo de Vítor Manuel Pires de Aguiar e Silva, *Maneirismo e Barroco na Poesia Lírica Portuguesa*, no qual o autor, que analisou muitas fontes manuscritas de diversos arquivos e bibliotecas, apresenta uma grande quantidade de poemas seiscentistas que não se encontram nem na *Fênix Renascida* nem no *Postilhão de Apolo*. Aguiar e Silva, ao longo de toda sua obra, questiona também muitas atribuições de autoria (ou ausência dela) dessas duas compilações poéticas setecentistas; o "apêndice III" de seu livro, aliás, intitula-se "poesias de Sóror Violante do Céu incluídas como anônimas na *Fênix Renascida*".[72] Por fim, vale men-

---

[70] Vítor Manuel Pires de Aguiar e Silva dá diversos exemplos de poetas seiscentistas que não estão contemplados na *Fênix Renascida*. (Cf. *Maneirismo e barroco na poesia lírica portuguesa*. Coimbra: Centro de Estudos Românicos, 1971, p.78).

[71] Pontes, Maria de Lourdes Belchior. *Bibliografia de António da Fonseca Soares (Frei António das Chagas)*. Lisboa: Centro de Estudos Filológicos, 1950.

[72] Aguiar e Silva, Vítor Manuel Pires de. *Maneirismo e Barroco na Poesia*

Saudades de Lídia e Armido, poema atribuído a Bernardo [...] 51

cionar ainda um trabalho mais recente: a edição de Mafalda Ferin Cunha das *Obras Poéticas de António Barbosa Bacelar*,[73] que reúne em um único volume uma imensa quantidade de poemas que podem ser atribuídos a essa relevante *auctoritas* poética portuguesa do século XVII.

Contudo, nesses trabalhos nota-se, em geral, que os pesquisadores partem, quase sempre, de uma concepção pós-romântica de um sujeito-poeta original, com características psicológico-estilísticas individuais, e cujos textos devem ser identificados e autenticados. Essa busca pela autoria correta ou pela lição autêntica de um poema se mostra, na maior parte das vezes, pouco produtiva e bastante questionável. Os critérios para determinar a autenticidade dos textos e de seus autores, tratando-se da poesia portuguesa ou luso-brasileira do século XVII, revelam-se, frequentemente, anacrônicos, a começar pela própria noção de "autenticidade" aplicada a essa produção retórico-poética. Por isso, diante de tal produção, baseada, sobretudo, em uma circulação oral e manuscrita dos poemas (sendo os impressos menos frequentes) e exposta, constantemente, a variações textuais, parece inadequado aplicarem-se concepções de autor e de autoria centradas na ideia de uma expressão subjetiva do homem empírico.[74] Os poetas seiscentistas buscavam nas autoridades retórico-poéticas tanto as regras quanto os melhores modelos para compor seus poemas, seguindo os preceitos do

---

Lírica Portuguesa, op.cit., p.545-547.

73 *Obras Poéticas de António Barbosa Bacelar (1610-1663)*. Edição de Mafalda Ferin Cunha. Lisboa: Fundação Calouste Gulbenkian, 2007.

74 Como elucida Adma Muhana, "quando um poeta da Antiguidade ou do Seiscentos diz 'eu', diz 'eu poeta', semelhante e diferente do verdadeiro, verossímil e nada mais. Nunca, em nenhuma das artes da linguagem antigas, a verdade esteve vinculada à primeira pessoa". ("O gênero epistolar: diálogo *per absentiam*". In: *Discurso*. São Paulo, USP, n.31, 2000, p.339).

gênero em que compunham.⁷⁵ Esse decoro do gênero implicava, entre outras coisas, o uso de palavras e conceitos mais adequados a cada espécie de composição, conforme os melhores *exempla*. No gênero lírico, por exemplo, os poetas seiscentistas tinham como principais modelos *auctoritates* como Horácio, Ovídio, Petrarca, Garcilaso, Camões, Marino, Góngora etc., as quais imitavam para com elas poderem ser comparados. Sendo assim, pode-se entender melhor a própria instabilidade do *corpus* da lírica camoniana. Como se sabe (e é bastante extensa a bibliografia acerca do tema), desde fins do século XVI, a obra lírica atribuída a Camões sofreu diversos acréscimos e expurgos, sendo feitas muitas alterações de atribuição de autoria até chegar-se àquilo que se julga, hoje em dia, "autenticamente" camoniano, com base em critérios e documentos que são ainda questionáveis. No século XVII, o "Camões lírico" não era visto como um "autor original", mas sim como *auctoritas* da poesia lírica, ou seja, os poemas eram a ele atribuídos porque eram dignos de imitação: eram modelos que deviam ser seguidos conforme uma apreciação retórico-poética, isto é, fundamentalmente técnica, sendo indiferente se tinham sido, realmente, escritos pelo homem empírico Camões.

Nessa discussão sobre a *auctoritas* retórico-poética nos séculos XVI a XVIII está implicada também a questão da nacionalidade dos poetas e de suas obras, ainda mais quando o foco se volta para a poesia produzida (provavelmente) na América Portuguesa. Assim, é exemplar o caso de Manuel Botelho de Oliveira, poeta referido, muitas vezes, como o primeiro "autor brasileiro" a ter um livro impresso, com a publicação de sua *Música do Parnaso*. Todavia,

---

75 Conforme Maria do Socorro Fernandes de Carvalho, "os autores seiscentistas concebem a imitação a partir da autoridade (*auctoritas*) dos melhores antigos, oradores e poetas, sendo autoridade definida como a excelência de um gênero." (*Poesia de agudeza em Portugal*, op.cit., p.29).

Saudades de Lídia e Armido, poema atribuído a Bernardo [...]   53

como salienta Ivan Teixeira, deve-se ter cuidado ao considerar-se essa obra de Botelho de Oliveira "brasileira" (obra, aliás, que foi publicada em Lisboa em 1705). O poeta, embora tenha nascido no Brasil, estudou em Coimbra e, como se pode verificar no frontispício de seu livro, era caracterizado como integrante da fidalguia portuguesa. Os poemas de *Música do Parnaso* foram escritos em quatro diferentes idiomas (português, castelhano, italiano e latim) e confundiam-se com seus modelos europeus. Enfim,

> redigida a partir de um ponto identificado como "América", a dedicatória do livro [*Música do Parnaso*] destina-se à nobreza da casa de Bragança, representada em D.Pedro II (1683-1706), a quem o autor chama "nosso monarca". Embora se considere "filho do Brasil", o poeta – entendido sempre como sujeito da enunciação – pensava e escrevia como europeu, tendo composto apenas trinta por cento do seu livro em português, aproximadamente.[76]

Corroborando esse ponto de vista, pode-se evocar a análise retórico-poética que Adma Muhana faz de uma das mais conhecidas e debatidas composições de *Música do Parnaso*, a silva "À ilha de Maré", que foi considerada por muitos um poema "nativista brasileiro". Como assinalado por Muhana, essa silva de Botelho de Oliveira segue, rigorosamente, os preceitos retórico-poéticos para tecer seu elogio à ilha de Maré e compõe a imagem dessa ínsula da Bahia a partir de fontes poéticas como Marino e Camões, tornando-se difícil, portanto, sustentar uma visão "nativista" ou "nacionalista" acerca de tal composição.[77]

---

76 Teixeira, Ivan. "A poesia aguda do engenhoso fidalgo Manuel Botelho de Oliveira". In: *Música do Parnaso*. Cotia: Ateliê Editorial, 2005, p.13.

77 "A imagem da ilha de Maré na silva de Botelho de Oliveira tem como

Ainda no campo da poesia luso-brasileira seiscentista, a obra poética atribuída ao nome Gregório de Matos e Guerra também instiga a reflexão a respeito desse emprego de termos anacrônicos como "subjetividade", "originalidade", "brasileiro", "nacional" (ou "nacionalista") e "nativista". No que concerne a essa questão, são fundamentais os trabalhos de João Adolfo Hansen e Marcello Moreira. De Hansen, é pertinente lembrar, especialmente, seu já referido estudo, *A sátira e o engenho: Gregório de Matos e a Bahia do século XVII*, em que demonstra que tanto a poesia satírica atribuída a Gregório de Matos quanto a própria figura do poeta são, anacronicamente, julgadas revolucionárias, transgressoras, libertinas. Isso porque, como demonstra Hansen, tal sátira obedece aos preceitos retórico-poéticos e às convenções político-sociais que regulavam as práticas letradas da época. De Marcello Moreira, sua obra *Critica textualis in caelum revocata?: Uma proposta de edição e estudo da tradição de Gregório de Matos e Guerra*[78] apresenta uma relevante crítica à filologia lachman-

---

fontes, que contrafaz, o 'jardim das delícias' da ilha de Chipre, morada de Vênus, no canto VII do *Adone* de Marino, bem como a 'ilha dos amores', no canto IX d'*Os Lusíadas* de Camões. Porém, todos os confrontos entre as delícias da ilha do Recôncavo e aquelas encontradas nas outras partes do mundo dos antigos, cujo *paragone* resulta sempre na superioridade dos elementos presentes em Maré, estão emoldurados pelo cotejo final entre a deusa do amor pagã e a do amor cristão, com predomínio, evidente, da última, melhor deusa do amor, porque verdadeira, de nome derivado do próprio mar, 'maria' (...). Por isso, o poema todo há de ser lido como uma comparação epidítica que não visa senão ao elogio da ilha da Bahia, mostrada como uma *maravilha*, cuja sobrenaturalidade é fruto da bênção divina. (...) Para tanto, Botelho de Oliveira segue rigoroso as recomendações de Quintiliano acerca da demonstração epidítica de um *locus*..." (Muhana, Adma. "Introdução". In: Oliveira, M. B. de. *Poesia completa: Música do Parnasso, Lira Sacra*. São Paulo: Martins Fontes, 2005, p.LXXVIII-LXXIX.).

78 Moreira, Marcello. *Critica Textualis in Caelum Revocata? Uma Proposta de Edição e Estudo da Tradição de Gregório de Matos e Guerra*. São Pau-

niana, questionando a tentativa de recuperar-se o "texto genuíno", que representaria a vontade final do autor em fontes impressas e manuscritas dos anos quinhentos, seiscentos e setecentos. Além desses trabalhos, os dois mencionados estudiosos publicaram em conjunto, recentemente, a já citada edição do *Códice Asensio-Cunha*, que consiste em uma das coleções manuscritas mais importantes e extensas de poemas que circularam na Bahia, em fins do século XVII e na primeira metade do século XVIII, atribuídos a Gregório de Matos. Essa cuidadosa edição (os quatro primeiros volumes da obra) é concluída com um aprofundado estudo (o quinto e último volume) sobre "letrados, manuscritura, retórica, autoria, obra e público na Bahia dos séculos XVII e XVIII".[79]

É importante destacar que, no caso da poesia atribuída a Gregório de Matos, os poemas circularam oralmente e em folhas volantes, sendo reunidos em diversos códices no final do século XVII e durante o século XVIII. A atribuição desses poemas a Gregório de Matos é apenas hipotética, funcionando tal nome como uma *auctoritas* da poesia lírica e, principalmente, satírica na Bahia no século XVII. Nesse sentido, Hansen faz a seguinte observação sobre a disposição dos códices que reuniram os poemas atribuídos a Gregório de Matos (em especial, o *Códice Rabelo*) e sobre o funcionamento da *auctoritas* do nome do poeta:

> Quando os códices manuscritos são examinados, evidencia-se que neles a função-autor é o ponto de convergência das diversas versões de poemas que realizam a *auctoritas* do gênero retórico-poético do qual eles eram, para quem os juntou em códices nos sécu-

---

lo: Edusp, 2011.

[79] Matos, Gregório de. *Poemas atribuídos: Códice Asensio-Cunha*. 5 volumes. Edição e estudo de João Adolfo Hansen e Marcello Moreira. Belo Horizonte: Autêntica, 2013.

los XVII e XVIII, outras aplicações. A autoria aparece, nos códices, não como realidade psicológica, mas como dispositivo discursivo. Ela decorre da aplicação de esquemas táticos, retóricos, pressupostos pela recepção contemporânea, ao menos pela recepção contemporânea letrada, que produzia e lia os manuscritos. No século XVII, ouvintes e leitores discretos também julgavam a arte com que as regras do dispositivo eram aplicadas, ao mesmo tempo que apreciavam a significação dos temas tratados. Desta maneira, no Códice Rabelo, a disposição dos poemas permite fazer do nome do poeta Gregório de Matos um dispositivo de designação de uma *auctoritas* lírica (sacra e profana) e também de uma *auctoritas* satírica (ridícula e maledicente). No caso, a autoria tem função classificatória, antes de funcionar como confirmação da origem dos poemas. Nesta perspectiva, Rabelo pôde coletar textos de fontes diferentes: por exemplo, paródias macarrônicas, que os estudantes de Coimbra faziam da poesia de Camões, que atribuiu a Gregório, ou trechos de poemas espanhóis, provavelmente de Lope de Vega, porque para ele o nome era antes um gênero que um autor individualizado. Reunindo sob a etiqueta Gregório de Matos todos os poemas que afirma ter coletado na oralidade e em folhas volantes, Rabelo constitui uma autoridade lírica e uma autoridade satírica.[80]

Uma consequência lógica dessas incertezas quanto à atribuição de autoria é a dificuldade de datação precisa de muitos poemas que seriam, hipoteticamente, de poetas do século XVII. Por isso, assim como a noção de *auctoritas* busca lidar com os problemas de autoria, chamar a essa poesia "seiscentista" – como o faz, entre

---

80 Hansen, João Adolfo. "Barroco, Neobarroco e Outras Ruínas". In: *Floema Especial - Ano II*, n. 2 A, out. 2006, p.42-43.

outros estudiosos, Alcir Pécora[81] – é uma maneira de mostrar que, embora a maior parte dela tenha sido, provavelmente, composta no século XVII na Península Ibérica e nas Américas Espanhola e Portuguesa, o que se visa destacar, mais do que a data e o local exatos de produção dos poemas, é a predominância de modelos e procedimentos poéticos comuns. E como foi devidamente demonstrado por Maria do Socorro Fernandes de Carvalho, em seu estudo *Poesia de Agudeza em Portugal*, os procedimentos poéticos comuns que norteiam grande parte dessa variada poesia seiscentista determinam uma poética específica, centrada na noção de "agudeza".[82] Esse termo, que é fundamental para pensar-se na especificidade da poesia seiscentista, foi definido e debatido em tratados retóricos e poéticos do século XVII, tais como *Delle Acutezze* de Matteo Peregrini, *Agudeza y Arte de Ingenio* de Baltasar Gracián e *Il Cannocchiale Aristotelico* de Emanuele Tesauro. Gracián assim define a agudeza: "Consiste, pues, este artificio conceptuoso en una primorosa concordancia, en una harmónica correlación entre dos o tres cognoscibles extremos, expresada por un acto del entendimiento". A essa definição é importante acrescentar a noção de *concepto*: "Es un acto del entendimiento, que exprime la correspondencia que se halla entre los objetos".[83]

Na preceptiva seiscentista que trata da agudeza, são retomadas e recicladas, principalmente, as lições aristotélicas do livro III da *Retórica*, relativo à elocução, e do capítulo XXI da *Poética*, no qual se

---

81 Pécora, Alcir (org.). *Poesia seiscentista – Fênix renascida & Postilhão de Apolo*, op. cit.

82 Carvalho, Maria do Socorro Fernandes de. *Poesia de agudeza em Portugal*, op.cit., p.19-41.

83 Gracián, Baltasar. *Agudeza y Arte de Ingenio* (Discurso II. "Esencia de la Agudeza Ilustrada". Huesca, Juan Nogués, 1648, p.7). Edición facsímil. Estudio preliminar de Aurora Egido. Zaragoza: Institución «Fernando el Católico», 2007.

discute a concepção de metáfora. Esta, segundo Aristóteles, "consiste no transportar para uma coisa o nome de outra, ou do gênero para a espécie, ou da espécie para o gênero, ou da espécie de uma para a espécie de outra, ou por analogia"[84] (*Poética*, XXI, 1457b, 6-7). Portanto, a metáfora, fonte por excelência de ensinamento e deleite, evidencia a semelhança entre as coisas. O poeta é aquele que descobre tal semelhança e que a exprime com palavras adequadas.[85] No século XVII, a partir dos preceitos aristotélicos, acentua-se a superioridade da metáfora como o meio mais eficaz de deleitar e instruir e ela passa a ser considerada, então, "fundamento da agudeza e, de modo geral, de toda representação".[86] Ademais, Aristóteles também ressalta, na *Retórica*, que a metáfora não deve provir de coisas que apresentem semelhanças muito óbvias: "é forçoso que as metáforas provenham de coisas apropriadas, mas não óbvias, tal como na filosofia é próprio do espírito sagaz estabelecer a semelhança mesmo com entidades muito diferentes"[87] (*Retórica*, III, 1412a). Os poetas seiscentistas, explorando ao máximo a lição aristotélica, buscam estabelecer relações entre conceitos extremos, condensando-os em metáforas agudas que são fontes de proveito e maravilha para os leitores ou ouvintes.

---

84 Aristóteles. *Poética*. Tradução, prefácio, introdução, comentário e apêndices de Eudoro de Sousa. 8ª edição. Lisboa: Imprensa Nacional – Casa da Moeda, 2008, p.134.

85 "Grande importância tem, pois, o uso discreto de cada uma das mencionadas espécies de nomes, de nomes duplos e de palavras estrangeiras; maior, todavia, é a do emprego das metáforas, porque tal se não aprende nos demais, e revela portanto o engenho natural do poeta; com efeito, bem saber descobrir as metáforas, significa bem se aperceber das semelhanças." (*Idem*, p.138). (*Poética*, XXII, 1459a, 4-8).

86 Hansen, João Adolfo. "Retórica da Agudeza". In: *Letras Clássicas*, São Paulo, USP, n.4, 2000, p.321.

87 Aristóteles. *Retórica*. Tradução e notas de Manuel Alexandre Júnior, Paulo Farmhouse Alberto e Abel do Nascimento Pena. 2ª edição, revista. Lisboa: Imprensa Nacional – Casa da Moeda, 2005, p.270.

O debate sobre a agudeza no século XVII depende dos preceitos retóricos e poéticos antigos, não apenas de Aristóteles, mas de diversos outros autores gregos e latinos, em especial Cícero e Quintiliano. Essa preceptiva antiga está na base da agudeza seiscentista: uma noção (possivelmente a principal) que permite reunir a variedade poética do período. Como sintetiza Fernandes de Carvalho, a agudeza é

> termo aglutinador da diversidade poética que compõe os *carmina minora* seiscentistas, tanto em termos da profusão das espécies de versos, quanto das convenções poéticas múltiplas que os conformam. Obras de Baltasar Gracián na Espanha, e de Matteo Peregrini e Emanuele Tesauro na Itália, a despeito de suas diferenças, defendem a especificidade da metáfora aguda e também a denominação de agudeza para essa produção retórico-poética.[88]

No campo dessa aguda poesia seiscentista, em particular luso-brasileira, é que se inserem aquelas *Saudades de Lídia e Armido* compostas, supostamente, por Bernardo Vieira Ravasco. Esse poema, enfim, será analisado no tópico seguinte deste estudo, para evidenciar-se que as *auctoritates* familiar, política e poética da *persona* histórica Bernardo Ravasco justificam, em síntese, uma composição excelentemente aguda.

---

88 Carvalho, Maria do Socorro Fernandes de. *Poesia de agudeza em Portugal*, op.cit., p.29.

III. O poema

As *Saudades de Lídia e Armido* atribuídas a Bernardo Vieira Ravasco têm duas fontes principais (as únicas conhecidas até o momento): os já referidos manuscritos atualmente depositados na *Biblioteca Brasiliana Guita e José Mindlin* em São Paulo e na *Biblioteca da Ajuda* em Lisboa. As características desses documentos são relevantes para entender-se melhor a transmissão, circulação e recepção do poema nos séculos XVII e XVIII. Visando ao debate dessas fontes, são essenciais as críticas de Marcello Moreira ao método filológico lachmanniano (ainda predominante no Brasil),[89] que se pretende "como o meio de recuperação de um ideal textual que se supõe ter existido, embora não haja provas materiais conclusivas de sua existência".[90] Como ainda adverte Moreira, baseando-se em Morse Peckham, há uma propensão entre os filólogos caudatários desse método de "instituir uma hagiografia de autores e, como consequência dessa santificação, quanto mais próximos os textos estiverem do autor, mais preciosos e puros estarão, tornando-se verdadeiras relíquias".[91] É justamente tal idealização ou santificação que se busca evitar neste trabalho.

Assim, cabe ressaltar que o segundo daqueles manuscritos (o quinto tomo de uma *Miscelânea Poética*) em que se conservam as

---

[89] Segismundo Spina, por exemplo, afirma que uma edição crítica é aquela capaz de "restituir ao texto sua genuinidade" e isso "significa aproximá-lo o mais possível da última vontade do seu autor." (*Introdução à Edótica: Crítica Textual*. 2ªed. rev. e atual. São Paulo: Ars Poetica; EDUSP, 1994, p.87). De modo semelhante, César Nardelli Cambraia, ao definir a crítica textual, declara, categoricamente, que "seu objetivo primordial é a restituição da forma genuína dos textos". (*Introdução à crítica textual*. São Paulo: Martins Fontes, 2005, p.1).

[90] Moreira, Marcello. *Critica Textualis in Caelum Revocata? Uma Proposta de Edição e Estudo da Tradição de Gregório de Matos e Guerra*, op.cit., p.53.

[91] *Idem*, p.56.

Saudades de Lídia e Armido, poema atribuído a Bernardo [...] 61

Saudades de Lídia e Armido ditas de Bernardo Ravasco está datado e tem identificados seu compilador (e escriba) e seu local de produção: 1784, por Antônio Correia Vianna, em Lisboa. Nesse sentido, sabe-se que Correia Vianna é, no século XVIII, um dos mais profícuos compiladores da poesia seiscentista, com diversas coleções manuscritas que têm muito a acrescentar à ainda pouco publicada e estudada produção poética – tanto portuguesa quanto luso-brasileira – do Seiscentos. Como apontado por Aguiar e Silva, nos manuscritos de Correia Vianna encontram-se, por exemplo, muitos poemas inéditos atribuídos a uma reconhecida autoridade poética de Portugal no século XVII: Antônio da Fonseca Soares (Frei Antônio das Chagas).[92] As coletâneas desse compilador setecentista são, portanto, ricas fontes para conhecer-se a poesia seiscentista para além da *Fênix Renascida* e do *Postilhão de Apolo*.

Por outro lado, o primeiro manuscrito, que consiste exclusivamente nessas *Saudades* compostas, em termos verossímeis, pelo poeta Bernardo Ravasco e que está depositado na *Biblioteca Brasiliana*, oferece poucas informações: não há qualquer data, nem identificação de compilador ou escriba, nem notícia acerca do lugar em que foi produzido, sabendo-se somente que ele pertenceu ao bibliófilo brasileiro Rubens Borba de Moraes (1899-1986) devido ao *ex-libris* presente no verso da capa (sendo essa encadernação do século XX). Como se observou anteriormente, a *Enciclopédia de Literatura Brasileira* de Afrânio Coutinho e José Galante de Sousa afirma ser a letra desse manuscrito do século XVII. Essa asserção, embora não fundamentada, mostra-se pertinente quando se compara tal manuscrito com outros sabidamente seiscentistas. Nesse sentido, vale recorrer ao estudo de Vera Lúcia Costa Acioli, que caracteriza a escrita do século XVII e exemplifica com documentos. A pesquisadora assinala, então,

---

92 Aguiar e Silva, Vítor Manuel Pires de. *Maneirismo e Barroco na Poesia Lírica Portuguesa*, op.cit., pp.533-544.

que "no Brasil a escrita do século XVII é, por assim dizer, a grande herdeira da usada em Portugal" e elenca suas principais características paleográficas e ortográficas, que são muito semelhantes às que se verificam no manuscrito da *Biblioteca Brasiliana*: "o **d** [aparece] com haste ascendente bem aberta e inclinada para a esquerda; o **h**, assemelhado a um **E** maiúsculo [em letra cursiva]; o **st** emendados por cima; (...) o uso mais frequente de letras dobradas, agora também o **c** e o **m**; a substituição do **i** por **j** e vice-versa; (...) separação irregular das palavras".[93] Além dessas, outra peculiaridade do texto que poderia permitir situar sua escrita nos anos seiscentos são os sinais de pontuação: eles são substancialmente menos numerosos do que em documentos do Setecentos, como se observa, em particular, no manuscrito de Correia Vianna, no qual há uma profusa pontuação. Todavia, esses critérios possibilitam inferir uma data apenas aproximada (e nunca absoluta); daí se sugerir, neste trabalho, também levando em conta as circunstâncias históricas que cercam a *persona* poética Bernardo Ravasco, que o manuscrito anônimo da *Brasiliana* foi composto, possivelmente, entre a segunda metade do século XVII e começo do XVIII. Desse modo, é quase certo que ele seja anterior àquele de Correia Vianna.

Mais importante do que determinar a data e o local exatos de composição, no entanto, é salientar que as lições dos dois manuscritos se aproximam muito: há poucas variações textuais significativas entre eles, apresentando ambos um (praticamente) mesmo poema composto por 158 oitavas. Além disso, contrariaria os pressupostos já explicitados deste estudo e não se coadunaria com as práticas letradas luso-brasileiras dos séculos XVII e XVIII procurar-se um suposto "texto autêntico" mais próximo à "intenção do autor". Como

---

93 Acioli, Vera Lúcia Costa. *A Escrita no Brasil Colônia: um guia para leitura de documentos manuscritos*. Recife: Editora da UFPE; Fundação Joaquim Nabuco; Massangana, 1994, p.133.

se demonstrou nos tópicos anteriores deste trabalho, essa presumida "originalidade" textual e autoral não tem relevância nas letras seiscentistas e setecentistas (pautadas por preceptivas retóricas e poéticas), mostrando-se, por conseguinte, um critério anacrônico de leitura e interpretação dos textos. Sendo assim, um manuscrito não é mais "autêntico" ou "verdadeiro" por ter sido composto em data mais próxima do período em que viveu o presumido autor do texto. A *persona* histórica não é uma verdade absoluta, mas uma unidade verossímil a que se atribui *auctoritas*. Por isso, aquilo que propõem João Adolfo Hansen e Marcello Moreira para a leitura dos poemas atribuídos a Gregório de Matos no *Códice Asensio-Cunha* vale igualmente para as *Saudades de Lídia e Armido* ditas de Bernardo Ravasco:

> Logo, para ler essa poesia hoje, devem ser evitadas duas perspectivas muito usuais e anacrônicas, caudatárias da crítica romântica: a da falácia biográfica e a da definição da poesia como reflexo ou documento realista (...). Ao tratar dos códigos bibliográficos e linguísticos da poesia do *Códice Asensio-Cunha*, propusemos a necessidade de especificar as convenções retóricas aplicadas pelo autor ou autores dela para compor a *persona* satírica ou lírica como personagem que tem a *sinceridade estilística* própria do gênero. O homem empírico supostamente autor do poema não tem nenhum interesse poético. (...) A linguagem não é epifenômeno social e a poesia do *Códice Asensio-Cunha* é prática simbólica real.[94]

Desse modo, parece mais pertinente fazer a edição dessas *Saudades de Lídia e Armido* com base no manuscrito depositado

---

94 "Para que todos entendais: poesia atribuída a Gregório de Matos e Guerra: letrados, manuscritura, retórica, autoria, obra e público na Bahia dos séculos XVII e XVIII". In: *Poemas atribuídos: Códice Asensio-Cunha*. Vol.5, op.cit., p.422-423.

na *Biblioteca da Ajuda*, isto é, naquele datado (1784) de Antônio Correia Vianna, menos pela data do que pela autoridade do compilador. Essa *auctoritas*, reunida àquelas política e poética do Vieira Ravasco, já desenvolvidas neste trabalho, adequam-se à excelência do poema e fazem dele um importante exemplar da poesia seiscentista luso-brasileira. Porém, isso não significa que se deve desconsiderar o outro manuscrito, aquele sem datação e depositado na *Biblioteca Brasiliana*, para compreender e editar o poema. Sua relevância, entre outras coisas, consiste no fato de tratar-se de uma fonte manuscrita que circulou, provavelmente, a partir da segunda metade (mais para o final) do século XVII na América Portuguesa (conjecturando-se o lugar em que foi composta), enquanto a outra fonte, sabidamente produzida por Correia Vianna, já é do último quartel dos anos setecentos e sua circulação deu-se em Portugal. No entanto, em vez de determinar, de forma anacrônica e segundo critérios sempre questionáveis, qual dos dois é mais "autêntico", interessa mais notar que essas *Saudades* tiveram considerável recepção nas letras portuguesas e luso-brasileiras, sendo a elas atribuída a *auctoritas* poética da *persona* histórica Bernardo Ravasco desde, aproximadamente, fins do século XVII. Logo, a edição do poema, ainda que embasada na *Miscelânea Poética* de Correia Vianna, não desprezará o manuscrito anônimo, pois as divergências textuais mais relevantes entre os dois serão devidamente referidas em notas.

Posto isso, é preciso ressaltar que essas "saudades" de Lídia e Armido foram cantadas diversas vezes, por diferentes poetas, no Seiscentos e no Setecentos. Na *Fênix Renascida*, por exemplo, há três longos poemas, em oitavas, intitulados *Saudades de Lydia, e Armido*. O primeiro deles, qualificado como um "canto heroico", teria sido composto "por um Anônimo",[95] mas na *Biblioteca Lusita-*

---

95 *A Fenix Renascida*. Tomo I, op.cit., p.32 e ss.

Saudades de Lídia e Armido, poema atribuído a Bernardo [...]   65

na é atribuído ao Fr. Manoel de São José;[96] o segundo, "pelo Doutor Antônio Barbosa Bacelar";[97] e o terceiro, "por um Anônimo, que dizem é o Doutor Antônio Barbosa Bacelar".[98] O caráter de Lídia, a quem foi "mortal doença o amor mais fino", sintetiza-o um soneto ("epitáfio na sepultura de Lídia") que, composto "por um anônimo", é colocado logo após aquelas segundas *Saudades*, atribuídas a Bacelar, no primeiro tomo da *Fênix Renascida*:

> Esta, que ves, errante peregrino,
> Urna funesta em marmore erigida,
> He sepulchro horroroso de huma vida
> Morta ás mãos ou da Parca, ou do destino:
> Foylhe mortal doença o amor mais fino
> O querer bem lhe foy fero homicida;
> Se fosse, como quiz, taõ bem querida,
> O tempo contaría Nestorino:
> Lydia jaz aqui, Lydia desgraçada,
> Lydia aquelle de amor raro portento.
> Mas ah naõ cuides, naõ, que sepultada

---

96 De acordo com Diogo Barbosa Machado, Fr. Manoel de São José era "natural de Lisboa filho de Roque Montez, e Anna Monteira Erimita de Santo Agostinho, cujo instituto professou no Convento patrio de N. Senhora da Graça a 12 de junho de 1633. onde floreceo com enveja dos seus condiscipulos nas sciencias escolasticas até jubilar no magisterio dellas. Foy excellente humanista, e discretissimo Poeta de cuja veya ainda se conservaõ elegantes monumentos merecendo entre todos a primazia aquelle canto que consta de 135. oitavas intitulado *Saudades de Lidia, e Armido*. Começa *Era tempo, em que pallido retrata / Seus ardores o Sol na Thetis fria, &c*. Sahio impresso no Tom. I. da *Fenix renascida, ou obras poeticas dos mayores engenhos Portuguezes*." (*Bibliotheca Lusitana*. Tomo III. Lisboa: na Officina de Ignacio Rodrigues, 1752, p.290-291).

97 *A Fenix Renascida*. Tomo I, op.cit., p.77 e ss.

98 *Idem*, tomo II, op.cit., p.33 e ss.

> Entre as cinzas está do esquecimento,
> Está viva Lydia, ainda que enterrada,
> Que inda em seu peito amor infunde alento.[99]

Os infortúnios amorosos de Lídia, "aquelle de amor raro portento", e de Armido são cantados, afora as acima mencionadas que se encontram na *Fênix Renascida*, por outras *Saudades*, como as que, também publicadas no século XVIII, são ditas de Crispim Amado Correa de Mattos, conhecido como "o poeta cortês",[100] e as impressas no segundo tomo do *Postilhão de Apolo* ("canto heroico, por hum anonymo")[101] que, na verdade, são aquelas mesmas que aparecem na *Fênix Renascida* e que Barbosa Machado atribui ao Fr. Manoel de São José.

Especificamente, tendo em vista os objetivos deste estudo, as *Saudades de Lídia e Armido* atribuídas a Bernardo Ravasco ressaltam sua *auctoritas* poética, pois esse poema é excelente imitação (*mimesis*) que, com estilo agudo e doutrina vária, faz do amor agudezas. Sua matéria "histórica" é esclarecida pela "advertência" que, no manuscrito de Correia Vianna, antecede a primeira oitava:

> No tempo em q̃. com as successivas guerras com Castella, por sostentar Portugal a Coroa no seu Legitimo acclamado Rey os͂. D. João 4º, havia por cauza de irem á Campanha, a experimentada, e triste separaçaõ dos filhos de suas Maÿs, dos Espozos, de suas Espozas &ᵃ, moveu a compaixão de algũns Engenhos poeticos desse tempo a pintarem essas lastimozas partidas, com o

---

99 *Idem*, tomo I, op.cit., p.91.

100 *Saudades de Lidia, e Armido... / Por Crispim Amado Correa de Mattos, / Chamado vulgarmente / O Poeta Cortez*. Lisboa: Na Officina de Pedro Ferreira, Impressor da Augustissima Rainha Nossa Senhora, 1759.

101 *Eccos que o Clarim da Fama dá: Postilhaõ de Apollo*, tomo II, op.cit., p.22 e ss.

Saudades de Lídia e Armido, poema atribuído a Bernardo [...]   67

> titulo de = Saudades de Lydia, e Armido ,= como alem de outras, foram as q̃. compôs o Dº. Antº. Barboza Bacelar, primeiras, e segundas; hũas q̃. vem impressas no 1º Tom. das Fenix a pag. 77; outras no 2º Tom. pg.33; e em competencia dellas, as q̃. compôs outro Engenho, e vem tambem impressas no Tom. 1º da dª. Fenix pg. 32. E assim, entre a occurrencia destes enthusiasmos, tocou parte ao Autor das presentes que declarado fica no rosto antecedente &ª.[102]

Dessa maneira, tais *Saudades* ditas de Bernardo Ravasco, bem como as outras referidas, tratam da "experimentada e triste separação" entre entes queridos que, motivada pela Guerra da Restauração (1640-1668) durante o reinado de D. João IV (1640-1656), moveu à compaixão alguns "engenhos poéticos", representando-se, principalmente nas *personae* Armido e Lídia, a "lastimosa partida" do amante--amado para combater na guerra e as saudades ou sofrimentos da amada-amante. Contudo, *persona* também principal é o próprio amor: pinta-se e canta-se sua aguda concepção poética. Assim, na primeira oitava do poema, já se mostra agudo o estilo que, imitando o Camões épico e o Góngora lírico, cantará matéria trágico-amorosa:

> Era o tempo gentil, em que as boninas
> a respirar no berço comessavam,
> renovando as memorias perigrinas,
> que á vida de suas cores trasladavam:
> Emulas fixas de outras mais divinas,
> seu campo azul mentido equivocavam;
> Lascivo engano ao Deos, que bruto, a Copa
> deixou de Ganimedes por Europa.[103]

---

102 *Saudades de Lidia, e Armido*, op.cit., p.175-176.
103 *Idem*, p.177. Todas as citações do poema se baseiam no texto apresentado por Correia Vianna.

Nessa oitava, ecoa aquela do Canto II dos *Lusíadas*:

> Era no tempo alegre quando entrava
> No roubador de Europa a luz Febeia,
> Quando um e o outro corno lhe aquentava,
> E Flora derramava o de Amalteia.
> A memória do dia renovava
> O pressuroso Sol, que o Céu rodeia,
> Em que Aquele a quem tudo está sujeito
> O selo pôs a quanto tinha feito;[104]

Porém, a esses ecos de Camões se misturam aqueles dos primeiros versos das *Soledades* de Góngora:

> Era del año la estación florida
> en que el mentido robador de Europa
> (media luna las armas de su frente,
> y el Sol todos los rayos de su pelo),
> luciente honor del cielo,
> en campos de zafiro pace estrellas,
> cuando el que ministrar podía la copa
> a Júpiter mejor que el garzón de Ida,
> náufrago y desdeñado, sobre ausente,
> lagrimosas de amor dulces querellas
> da al mar, que condolido,
> fue a las ondas, fue al viento
> el mísero gemido,
> segundo de Arión dulce instrumento.[105]

---

104 *Os Lusíadas*, canto II, 75. In: Camões, Luís Vaz de. *Obra Completa*. Organização, introdução, comentários e anotações de Antônio Salgado Júnior. Rio de Janeiro: Nova Aguilar, 2005, p.50.

105 Góngora, Luis de. *Soledades*. Edición de John Beverley. Madrid: Cátedra, 2007, p.75-76.

Saudades de Lídia e Armido, poema atribuído a Bernardo [...] 69

Repercutem, então, esses versos – tanto os de Camões quanto os de Góngora – na citada primeira oitava das *Saudades de Lídia e Armido*. Dessa forma, compreende-se melhor o "tempo gentil" em que se inicia o poema atribuído ao Ravasco: trata-se do "tempo alegre" do verso camoniano ou da "estación florida" do gongórico, isto é, refere-se à primavera, ou melhor, ao princípio dessa estação florida, quando as boninas começam a surgir no campo, mudando-se suas cores. E essas boninas, devido às suas vivas cores ou ao seu intenso brilho, são "êmulas fixas" das estrelas, fazendo com que o campo seja um céu mentido. Zeus, caindo nesse lascivo engano, abandona Ganimedes, que cuidava da "copa" dos deuses no Olimpo, pois fora raptado e violado pelo "pai dos homens e dos deuses"[106] e infiel marido de Hera metamorfoseado em águia; abandona Ganimedes, descendo de sua divina morada, para tomar a forma de touro ("bruto") e também raptar e violar Europa. Portanto, essa referência mitológica, na esteira daquelas da mencionada oitava dos *Lusíadas* e dos versos das *Soledades*, confirma que o "tempo gentil" é a primavera, mais especificamente, abril, quando o sol entra na constelação de touro.

Além disso, tais modelos dessas *Saudades de Lídia e Armido* indicam uma possível discussão quanto ao gênero do poema. Este é composto por oitavas, com versos hendecassílabos[107] heroicos,

---

106 É esse um dos epítetos de Zeus na *Teogonia* de Hesíodo (v.542).
107 Como sublinha Fernandes de Carvalho, "por todo o século XVII, em se tratando de verso, signo de engenho de agudeza é o hendecassílabo". Lembra ainda a estudiosa que a *Arte Poetica e da Pintura e Symmetria, com Principios da Perspectiva* (1615), de Philippe Nunes, "prestigia a contagem de todas as sílabas do verso, levando em conta aquela sílaba em que predomina o acento – voz da sílaba e alma das palavras, como diz –, mas considera também a sílaba breve ou as breves subsequentes". (Carvalho, Maria do Socorro Fernandes de. *Poesia de agudeza em Portugal*, op.cit., p.230). Por isso, é mais adequado à preceptiva poética seiscentista considerar hendecassílabos (e não decassílabos) os versos dessas *Saudades* ditas de Bernardo Ravasco, compostas, como se presu-

aproximando-se bastante da epopeia camoniana (talvez por isso *Saudades* como essas sejam, às vezes, consideradas "canto heroico"). Todavia, não se trata de matéria predominantemente heroica, e sim lírica, e o seu agudo estilo, "florido e ornado",[108] imitando aquele do Góngora da *Fábula de Polifemo y Galatea* e das *Soledades*, não se mostra adequado à poesia épica. Mas o gênero lírico é de difícil definição no século XVII, porque não conta com uma preceptiva poética específica e unívoca. Os preceitos que se referem à lírica estão dispersos em tratados poéticos e retóricos quinhentistas e seiscentistas, configurando uma escassez normativa bastante diversa da consistente preceptiva que trata da epopeia, da tragédia e da comédia. Embora sejam escassas as normas do gênero lírico,[109] os poemas ditos "líricos" abundam na produção poética

---

me, no século XVII.

108 Em fins do século XVI, Torquato Tasso, em seus *Discorsi* sobre a arte poética e, em particular, o poema heroico, caracteriza o estilo do poeta lírico como "florido e ornado" (*fiorito ed ornato*), próprio da *mediocrità*, ou melhor, do *genus medium* da *Rota Vergilii*, enquanto o do heroico é "magnífico" (isto é, alto, grande ou elevado): "Lo stile del lirico poi, se bene non così magnifico come l'eroico, molto più deve essere fiorito ed ornato: la qual forma di dire fiorita (come i retorici affermano) è propria della mediocrità. Fiorito deve essere lo stilo del lirico: e perché più spesso appare la persona del poeta, e perché le materie che si pigliano a trattare per lo più sono, le quali, inornate di fiori e di scherzi, vili ed abiette si rimarrebbono: onde se per aventura fosse la materia morata trattata con sentenze, sarà di minor ornamento contenta." (Tasso, Torquato. *Discorsi dell'Arte Poetica e in particolare sopra il Poema Eroico*. In: *Prose*. A cura di Ettore Mazzali. Milano, Napoli: Riccardo Ricciardi, 1959, p.395).

109 Um dos raríssimos tratados que têm a poesia lírica como matéria principal, buscando caracterizá-la de acordo com preceptivas retóricas e poéticas, antigas e modernas, é o *Trattato della poesia lirica* (1594), de Pomponio Torelli (*uomo di lettere* e conde de Montechiarugolo, na província de Parma): um caso exemplar e, ao mesmo tempo, incomum de uma discussão técnica e específica sobre os elementos retórico-poéticos da lírica em fins do século XVI e começo do século XVII, que procura,

dos séculos XVI e XVII. Essa dificuldade dos preceptistas dos anos quinhentos e seiscentos em definir a poesia lírica talvez decorra da pouca atenção que as autoridades antigas dedicaram à discussão de tal gênero. A *Poética* de Aristóteles, por exemplo, (que, como se sabe, foi uma fonte muito traduzida, comentada e imitada a partir do século XVI) não se detém na análise da lírica, e esse modelo aristotélico se reflete nos tratados poéticos quinhentistas e seiscentistas que, em sua maioria, discutem longamente a epopeia, a tragédia e, em menor medida, a comédia, mas pouco se voltam para a poesia lírica. No entanto, isso não significa que aspectos do gênero lírico não sejam debatidos em tratados, prólogos, comentários e nos próprios poemas;[110] e esse debate sobre elementos específicos da

---

    inclusive, definir esse gênero poético. Há (pelo menos) três edições acessíveis desse texto de Torelli: In: *Trattati di poetica e di retorica del Cinquecento*. A cura di B. Weinberg. V.4. Bari: Laterza, 1974, pp.237-317; *Trattato della poesia lirica*. Roma: Biblioteca Italiana, 2003. Disponível em: http://www.bibliotecaitaliana.it./indice/visualizza_testo_html/bibit000505; *Poesie con il Trattato della poesia lirica*. Introduzione di R. Rinaldi, testi, commenti critici e apparati a cura di N. Catelli, A. Torre, A. Bianchi e G. Genovese. Parma: Guanda, 2008.

110 A esse respeito, deve-se recordar que, em sua *Epístola ad Pisones*, Horácio prescreve os assuntos apropriados à "lira": "Musa dedit fidibus diuos puerosque deorum / et pugilem uictorem et equum certamine primum / et iuuenum curas et libera uina referre." (*Epistola ad Pisones*, v.83-85). Ou seja, conforme a tradução de R. M. Rosado Fernandes desses versos horacianos, "a Musa concedeu à lira o cantar deuses e filhos de deuses; o vencedor no pugilato e o cavalo que, primeiro, cortou a meta nas corridas; os cuidados dos jovens e o vinho que liberta dos cuidados." (*Arte Poética*. Introdução, tradução e comentários de R. M. Rosado Fernandes. Lisboa: LCE, s/d (coleção bilíngue). Mas tal preceito horaciano não restringe a variadade temática da pocsia lírica, como se verifica em um tratado de poética castelhano do primeiro quartel do século XVII, as *Tablas Poeticas* de Francisco Cascales, em que se define esse gênero como "imitacion de qualquier cosa que se posponga: pero principalmẽte de alabanças de Dios, y los Santos, y de banquetes, y plazeres, reduzidas a

lírica vai se intensificando no decorrer do Seiscentos. É necessário ressaltar, porém, que aquilo que se entende hoje por "gênero lírico" não corresponde às diversas espécies líricas da produção retórico--poética do século XVII. Como afirma Fernandes de Carvalho, a eminência poética e a univocidade daquele gênero são posteriores a esta produção:

> À vista do poema épico, arrematado e revitalizado no século XVI por Luís de Camões, e dos grandes modelos da tragédia e da comédia, os tratados seiscentistas de poética não reconheciam as diversas formas líricas como um gênero unívoco, ainda que abrangente. Aliás, a abrangência do gênero lírico conforme a temos hoje somente seria concebida posteriormente, no contexto propiciado pela poesia romântica, que alçou à lírica a chancela da eminência poética conforme a temos nos nossos dias.[111]

Diante de tal dificuldade de definição da lírica no século XVII, é pertinente retomar alguns aspectos da célebre polêmica acerca da poesia gongórica, para situar essas *Saudades*, ditas de Bernardo Ravasco, em meio à indeterminada e, por isso, ampla e variada lírica amorosa seiscentista. Como se sabe, no início do século XVII, é grande a controvérsia em torno da *Fábula de Polifemo y Galatea* e das *Soledades*, havendo tanto detratores quanto defensores da poesia (em especial, da linguagem poética) de Góngora. Não cabe neste estudo expor, detalhadamente, essa controvérsia, que já foi

---

un concepto Lyrico florido." (Cascales, Francisco. *Tablas Poeticas*. Murcia: Por Luis Beros, 1617, p.403-404). Evidencia-se, dessa maneira, a amplitude (praticamente infinita) do gênero lírico quanto às matérias tratadas, podendo ser imitada qualquer coisa que se proponha, desde que reduzida a um conceito lírico florido.

111 Carvalho, Maria Socorro Fernandes de. *Poesia de agudeza em Portugal*, op.cit., p.180.

Saudades de Lídia e Armido, poema atribuído a Bernardo [...] 73

devidamente analisada em diversos trabalhos,[112] mas destacar uma questão fundamental para a compreensão daquele poema atribuído à *persona* poética Bernardo Ravasco: os instáveis limites, no Seiscentos, entre os gêneros poéticos, particularmente, entre a épica e a lírica. Nesse sentido, são muito úteis as críticas de Juan de Jáuregui no seu *Antídoto contra la pestilente poesía de las Soledades*, considerado um texto capital na polêmica gongórica.[113]

Desse modo, no começo de seu *Antídoto*, Jáugueri expõe o propósito de seu escrito: "Aunque muchos hombres cuerdos y doctos desean con buena intención desengañar a V.m. y aconsejarle no escriba versos heroicos, no lo llegan a intentar".[114] Fará, então, Jáugueri aquilo

---

112 Entre os vários estudos dedicados ao tema, podem-se citar, como exemplos, os seguintes: Orozco Díaz, E. *En torno a las "Soledades" de Góngora. Ensayos, estudios y edición de textos críticos de la época referentes al poema*. Granada: Universidad de Granada, 1969; Orozco Díaz, E. *Lope y Góngora frente a frente*. Madrid: Gredos, 1973; Martínez Arancon, A. *La batalla en torno a Góngora*. Barcelona: Antoni Bosch, 1978; Pariente, A. *En torno a Góngora*. Madrid: Júcar, 1986; Roses Lozano, J. *Una poética de la oscuridad. La recepción crítica de las "Soledades" en el siglo XVII*. Madrid: Támesis, 1994.

113 Conforme José Manuel Rico García, "ciertamente, el *Antídoto* trazó las líneas maestras por las que habría de discurrir la controversia en torno a la nueva poesía, circunstancia que convierte a esta obra en un documento insustituible para poder medir la influencia que las *Soledades* ejercieron en la teoría del lenguaje poético del Siglo de Oro. (...) La divulgación del *Antídoto contra la pestilente poesía de las Soledades* desató la afluencia de ensayos, pareceres, comentarios, exámenes y escritos de toda índole en los que se expresaron las opiniones más pertinentes sobre los problemas de la lengua poética barroca. Este argumento ha servido para que el *Antídoto* sea una referencia obligada en el estudio de la controversia sobre la poesía de Góngora y de la teoría y práctica poéticas de la literatura del siglo XVII." (Jáuregui, Juan de. *Antídoto contra la pestilente poesía de las Soledades*. Estudio y edición crítica de José Manuel Rico García. Sevilla: Secretariado de Publicaciones de la Universidad de Sevilla, 2002, p.X-XI.)

114 *Idem*, p.3.

que outros não ousaram fazer: "me atrevo a persuadirle, por evidentes causas, que no nació para poeta concertado, ni lo sabe ser, ni escribir versos en juicio y veras, por mengua de natural y por falta de estudio y arte".[115] Na opinião do crítico, portanto, o que tenta escrever Góngora nas *Soledades* são "versos heroicos" e toda sua crítica se fundará no fato de que seria o poeta cordovês inapto para escrever no gênero épico, ou seja, não teria nascido ele para ser um "poeta concertado". Assim, o "estilo novo" de Góngora, com sua dificuldade excessiva, não seria louvável por não ser agradável e aprazível ao gosto de muitos ou, pelo menos, dos melhores, e sim digno de censura por ser tão contrário ao gosto de todos. Essa exagerada "novidade" torna o estilo gongórico inapropriado para versos grandíloquos e heroicos que seriam, segundo Jáugueri, aqueles que busca escrever o poeta em suas *Soledades*:

> Hase de advertir que la novedad en tanto es loable en cuanto es grata y apacible al gusto de muchos o a los mejores. Este nuevo estilo de V.m. es tan contrario al gusto de todos que ningún esforzado ánimo ha podido leer cuatro columnas destos solitarios versos sin estrujada angustia de corazón, como lo vemos experimentar a mil personas discretas y capaces de la buena poesía. Su intento de V.m. aquí fue de escribir versos de altísimo lenguaje, grandílocos y heroicos. El que mejor hizo esto fue Virgilio Marón; pues cotejado su estilo con el de V.m. es tan diferente y opuesto que cualquier español con dos maravedís de gramática entenderá fácilmente los versos del poeta, y los de V.m., con ser en su lengua vulgar, no los entenderá ni aun con dificultad.[116]

Reprovando, por fim, não só as *Soledades*, mas também *La Fá-*

---

115 *Idem*, p.4.

116 *Idem*, pp.18-19.

bula de Polifemo y Galatea, conclui Jáugueri: "Hora, señor, V.m. fue mal aconsejado el día que se metió a poeta cuerdo (...). Antes nos parecía imposible, al cabo de cincuenta años que V.m ha gastado entre las musas líricas y joviales, que se le hubiese pegado tan poquito de las heroicas".[117] Tendo sempre sido um poeta das musas líricas e joviais, Góngora não deveria ter tentado ser o das heroicas, visto que não soube ponderar as dificuldades de composição do poema heroico:

> Debiera V.m., según esto, ponderar las muchas dificultades de lo heroico, la constancia que se requiere en continuar un estilo igual y magnífico, templando la gravedad y alteza con la dulzura y suavidad inteligible, y apoyando la elocución al firme tronco de la buena fábula o cuento, que es el alma de la poesía. Para los juguetes no es necesario tanto aparato ni esta sosegada prudencia, sino un natural burlesco y estar de gorja. Por tanto, V.m. se ha destruido después que emprende hazañas mayores que sus fuerzas, y aun de lo burlesco da muy mala cuenta de algunos años a esta parte. Y no se fíe en que se leen y procuran sus versos juguetones o satíricos, que eso no va en su bondad, sino en la matéria pícara y disoluta que contienen, a cuya malicia se inclina fácilmente la flaqueza humana.[118]

Nota-se, dessa maneira, que uma das principais censuras do *Antídoto* é a inadequação do "novo estilo" gongórico ao gênero heroico, no qual se inseririam as *Soledades*. Todavia, dois daqueles citados versos iniciais do poema de Góngora suscitam questionamentos quanto à sua inserção em tal gênero: "lagrimosas de amor

---

117 *Idem*, p.79.
118 *Idem*, pp.80-81.

dulces querellas" e "segundo de Arión dulce instrumento". Isso porque as doces e lacrimosas querelas são de amor e, mais ainda, são líricas, pois Árion foi um poeta lírico que se fez rico e famoso e que, voltando um dia a Lesbos, sua terra natal, foi lançado do barco ao mar pelos tripulantes que queriam apoderar-se de seu tesouro; por isso, o *mísero gemido* do peregrino é como a lira de Árion: um *dulce instrumento* que solicita a ajuda de Vênus. O canto desse doce instrumento é, enfim, lírico amoroso, embora com um estilo elevado que soa heroico. Enfim, como assinala Jesús Ponce Cárdenas:

> La prodigiosa hibridación que Góngora va entretejiendo sobre el cañamazo narrativo de su obra permite, en definitiva, afirmar que el racionero «peregrina por los géneros y estilos conocidos a fin de plasmar uno nuevo que, por un lado, toma de los demás lo precedente y, por otro, los sortea para no caer de lleno en ninguno». Las *Soledades* constituyen así un novedoso *epos* dotado de valores líricos, que va tanteando formas y contenidos tan dispares como los ofrecidos por la tradición epidíctica de la dedicatoria y el epodo execratorio contra las navegaciones, la égloga pastoril y el epitalamio, la poesía venatoria y la haliéutica.[119]

Esse difícil e novo estilo gongórico ressoa também agudo na segunda estância daquelas *Saudades de Lídia e Armido*:

> Quando nas ondas, que ilustrou, surgindo
> aquelle fatal Grego, aquem recreya,
> seus marmores lavando, e consumindo
> em cinzas Troya, em muros Ulyssea:
> Dos Lenhos, que o valor foi construindo,

---

119 Cárdenas, Jésus Ponce. *Góngora y la poesía culta del siglo XVII*. Madrid: Laberinto, 2001, p.85.

> para serem do Sol nadante estrêa,
> galhardos, e guerreiros authorisam
> o Ceo que ofendem, e o cristal que pisam.[120]

A sintaxe e as metáforas desses versos os tornam de tão difícil compreensão que, a respeito deles, se poderia afirmar aquilo que, como já mencionado, afirmou Jáugueri sobre a poesia gongórica do *Polifemo* e das *Soledades*, comparando-a com a de Virgílio: "pues cotejado su estilo con el de V.m. es tan diferente y opuesto que cualquier español con dos maravedís de gramática entenderá fácilmente los versos del poeta, y los de V.m., con ser en su lengua vulgar, no los entenderá ni aun con dificultad". Tal dificuldade programada, que faz quase ininteligíveis em português os citados versos das *Saudades* (supostamente) de Bernardo Ravasco, ainda se intensifica com uma comparação por oposição: "aquelle fatal Grego" é Ulisses que, finda a guerra de Troia, deixou a cidade consumindo em cinzas para, em uma longa e árdua viagem marítima, retornar à sua Ítaca e reencontrar seu filho e sua esposa. Mas, na segunda parte dessa oitava, em que se desenvolve a comparação, os "lenhos que o valor foi construindo" têm uma função justamente oposta: levar para longe (e talvez para nunca mais voltarem) de suas esposas, de suas mães, de seus filhos, aqueles que vão para a guerra lutar contra Castela "por sustentar Portugal a Coroa no seu Legítimo aclamado Rei D. João 4º". Essas naus são do sol "nadante estreia" porque partirão assim que amanhecer, dando autoridade ao céu que ofendem, por serem novo galhardo sol, e à água que pisam como altivos guerreiros.

Assim, os versos das *Saudades de Lídia e Armido* ditas de Bernardo Ravasco indicam a relevância da discussão da poesia chamada "culta", em particular da presença polêmica do modelo gongórico (muitas vezes, qualificado como "difícil" e "obscuro") em Portugal e,

---

120 *Saudades de Lidia, e Armido*, op.cit., p.178.

por consequência, na América Portuguesa no século XVII até meados do século XVIII; isso porque, sendo agudas tais *Saudades*, é essencial esse culto estilo de Góngora na poética da agudeza que, como já assinalado, pauta grande parte da produção poética seiscentista portuguesa e luso-brasileira. A importância desse modelo na poesia e na preceptiva poética em Portugal (e no Estado do Brasil) nos anos seiscentos evidencia-se, por exemplo, nas diversas imitações e contrafações dos poemas gongóricos presentes na *Fênix Renascida* ou, ainda, devido ao fato, apontado por Maria de Lourdes Belchior Pontes, de ser Góngora, ao lado de Camões, os poetas mais citados, autorizados e encomiados na *Nova arte de conceitos* de Francisco Leitão Ferreira[121] que, embora censure, vez ou outra, o poeta cordovês, qualifica esse "célebre hespanhol que, por escuro se fez esclarecido" como "excelente", "celebrado", "engenhoso", "famoso", "culto", "ilustre" etc.[122] Vale destacar, nesse sentido, que essa autoridade da poesia gongórica se encontra, em termos gerais, devidamente ressaltada e estudada no trabalho de José Ares Montes, *Góngora y la poesia portuguesa del siglo XVII*. Ares Montes, aliás, tece elogios enfáticos (sem qualquer tipo de fundamentação ou exemplificação) à *persona* poética Ravasco, considerando seus versos "as mais finas notas gongóricas saídas da pluma de um poeta brasileiro":

---

121 A *Nova Arte de Conceitos*, de Francisco Leitão Ferreira, é um tratado que, embora publicado no século XVIII (seu primeiro volume foi publicado em 1718 e o segundo em 1721), sistematiza a preceptiva retórico-poética da poesia seiscentista em Portugal, baseando-se, sobretudo, em Gracián e Tesauro. (Veja-se a respeito: Castro, Aníbal Pinto de. *Retórica e teorização literária em Portugal*. Lisboa: Imprensa Nacional-Casa da Moeda, 2008, pp.143-227).

122 Cf. Pontes, Maria de Lourdes Belchior. "Góngora e os cultos, segundo a retórica conceptista, de Francisco Leitão Ferreira – *Nova Arte de Conceitos*". In: *Separata do Vol. III das Actas do V Colóquio Internacional de Estudos Luso-Brasileiros*, Coimbra, 1966, p.13.

> Bernardo Vieira es, con Botelho de Oliveira y Gregorio de Matos Guerra, el lírico más interesante del grupo baiano; las más finas notas gongorinas salidas de la pluma de un poeta brasileño se encuentran en las pocas poesías conocidas de Vieira, atribuídas, a veces, erróneamente a su hermano Antonio, el famoso orador sacro.[123]

Com tal estilo culto e difícil, êmulo de Góngora, visando ao deleite e ao proveito dos leitores ou ouvintes, cantam-se as *Saudades de Lídia e Armido*, cujas dores se intensificam quando naqueles "lenhos, que o valor foi construindo", embarcam os que vão para guerra, tendo que deixar em terra seus entes queridos:

> Deu, de hũ bronze ferido o ingrato alento,
> o primeiro signal á forte Armada:
> Altera o Mar o féro movimento;
> perturba a Terra a Leva inopinada:
> Tudo abala o confuso sentimento;
> a nada acerta a pressa alvorossada:
> Ferve o embarcar nas Naos em toda a parte;
> em toda geme Amor, padece Marte.
>
> Padece Marte; porque o mais briozo
> se sente ao despedir menos valente;
> que o termo de apartarse, he taõ penozo,
> que o sente fraco quem feroz naõ sente:
> Geme Amor; porq̃. o impede maviozo
> dos coraçoẽns a fama impaciente;

---

123 Montes, José Ares. *Góngora y la Poesía Portuguesa del Siglo XVII*. Madrid: Gredos, 1956, p.110.

> transformando esta doce tirania
> o Amor em morte, a morte em tirania.[124]

O amor surge, então, gemendo, porque embarcam nas naus aqueles que, para lutar em busca da "fama impaciente", abafam em seus corações as amorosas saudades. Contudo, mesmo Marte guerreiro padece, pois o mais corajoso se sente, na despedida, menos valente; e o apartar-se é tão penoso que senti-lo pouco é não ter sentimentos. Essa doce, porque amorosa, tirania faz do amor, no partir-se, morte e a morte, nas saudades, amorosa tirania. Confundem-se, dessa forma, o amor, a morte e a tirania e são essas as agudas saudades que padecerão Lídia e Armido: o amor que é tirana morte.

Tal ausência amorosa é *topos* largamente glosado na lírica seiscentista: a vida longe de quem se ama é morte viva ou vida morta, já que se sofre constantemente a ausência amada em uma vida que é só penar ou que, partida, está morta na parte que falta. Uma vida assim entre amantes ausentes é uma vida de saudades. Matéria frequente da poesia portuguesa, a saudade já foi discutida por diversos estudiosos, desde, pelo menos, Carolina Michaëlis de Vasconcelos.[125] Mas, no século XVII, uma definição que muito contribui para a discussão das *Saudades de Lídia e Armido* é aquela que apresenta Manuel de Faria e Sousa nos seus comentários aos *Lusíadas*, mais especificamente, quando discorre sobre o verso "Nos saudosos campos do Mondego" da estrofe 120 do canto III da epopeia camoniana:

> ...saudosos es derivacion de saudade: i aunque a algunos parece que en Castellano falta voz equivalente a esta, no ay duda, que lo es *Soledad*: Advirtiendose, que

---

124 *Saudades de Lídia, e Armido*, op.cit., p.179.

125 Vasconcelos, Carolina Michaëlis de. *A saudade portuguesa: divagações filológicas e literar-históricas em volta de Inês de Castro e do cantar velho "Saudade minha – quando te veria?"*. Porto: Renascença Portuguesa, 1914.

Saudades de Lídia e Armido, poema atribuído a Bernardo [...]   81

> saudade en Portugues, no es otra cosa que *Soidade*, derivado de *Soidam*, que derechamente es soledad: i el dezir saudade es corrupcion: pero vino a ser corrupcion, como la del vino, quando se buelve finissimo vinagre; que siendo tal es más saludable, i un apetito regalado, i oloroso: assi la corrupcion de *Soidade* en *Saudade*, para el oydo Portugues, vino a parar en voz regalada, i más significativa, que la verdadera, del desseo, pena, i dolor ternissimo del bien ausente: i significacion que no se ajusta en otra lengua.[126]

Destaca-se, nesse comentário de Faria e Sousa, a equivalência entre a "saudade" portuguesa e a "*soledad*" castelhana, ainda que não sejam exatamente iguais suas significações, pois o vocábulo português "saudade" é "voz regalada e mais significativa" para designar o desejo, a pena e a dor terníssima do bem ausente. Dessa maneira, é possível relacionar as diversas *Saudades* que se encontram na poesia seiscentista portuguesa com as *Soledades* castelhanas, em particular com aquelas (polêmicas) gongóricas. Esse trabalho comparativo já foi feito pelo mencionado José Ares Montes,[127] que afirma, inclusive, que teria sido Antônio Barbosa Bacelar o primeiro cultivador de *Soledades* em Portugal. Desse modo, conforme Montes, na célebre carta do conde de Portalegre sobre os "mistérios da saudade", frequentemente citada por aqueles estudiosos que se voltam para esse tema,

> después de afirmarse la identidad afectiva de ambos conceptos, se enriquece al castellano con el significado

---

126 *Lusíadas de Luís de Camões – Comentadas por Manuel de Faria e Sousa*. Edição fac-similar. 2v. Lisboa: Imprensa Nacional – Casa da Moeda, 1972. Canto III, col.178.

127 Montes, José Ares. *Góngora y la poesía portuguesa del siglo XVII*, op.cit., p.386-448.

de «estar solo», es decir, un contenido subjetivo-objetivo frente al exclusivamente subjetivo del portugués. Pero contra esta idea de la limitación portuguesa a un sentido afectivo (...) se oponen las imitaciones de las *Soledades* gongorinas, en las que *saudade* tiene en primer lugar el significado de 'nostalgia' y en segundo el de 'estar solo', 'sin compañía': lo mismo que en el poema de Góngora.[128]

Posto que com o emprego de termos que não condizem com a produção retórico-poética seiscentista, como "identidad afectiva", "contenido subjetivo-objetivo" e "sentido afectivo", esse trecho de Montes indica dois aspectos que, na verdade, se fundem e que estão presentes tanto nas *Soledades* gongóricas quanto nas *Saudades* da poesia portuguesa e luso-brasileira: a intensa dor ou tristeza (dita "nostalgia" pelo autor) de estar-se sozinho, sem companhia. Nesse sentido, o mesmo estudioso salienta que o náufrago peregrino das *Soledades* é um desenganado "que siente nostalgia de un bien perdido. En los campos, en las riberas, en las selvas o en el yermo se encuentra solo, saudoso – aun rodeado de serranas y pastores –, porque le falta la compañía por quien siente soledad, saudade".[129]

As "saudades" narradas no poema hipoteticamente composto por Bernardo Ravasco são tão dolorosas que levam à morte ambos os amantes, em um desenlace trágico-amoroso. Mesmo ouvindo as súplicas amorosas de Lídia, Armido parte, obedecendo ao fado e "contra as leis do desejo", para cumprir suas obrigações marciais.[130]

---

128 *Idem*, p.388.

129 *Idem*, p.389.

130 "Ficate Lydia embora, que he chegado / (lhe diz Armido) o tempo q̃. he preciso / deixar de verte, e obedecer ao fado, / contra as leis do desejo, e do juizo: / A vida aceita neste não logrado / abrasso, em que te dá seguro aviso / hum coraçaõ, que se viver aspira, / he porque tenha o mal aonde mais fira.

Saudades de Lídia e Armido, poema atribuído a Bernardo [...]   83

Distancia-se, então, a Armada que, navegando pelo Tejo, segue seu destino bélico.[131] Desolada, "sóbe se Lidia entaõ, cega, a hũ rochedo, / que no mar debrussado, em sy se tinha; / e êntre as consultas de valor, e mêdo, / resolve que matarse, só convinha". Morta a jovem e, a pedido de Vênus, transformada em estrela por Júpiter, navega o infeliz Armido, sem saber desse fatal destino da amada, "posto no bombordo / que da parte da terra lhe ficava", padecendo "as saudades da Prenda que deixava; / dando êntre as ancias de chamar por ella, / mais agoa ao fogo, mais alento á véla." Sofrendo as devidas penas nesse inferno undoso, preso em um "cárcere de pinho", em que as águas são corrente e o vento grilhões, atado às cordas e sujeito ao linho, ele paga aquele delito de abandonar Lídia com este tormento de saudades.[132] Mas decide pôr fim a tal tormento quando o "piloto vigilante" da nau em que estava percebe uma resplandecente novidade no céu e Armido, reparando nessa nova estrela, "escassamente de Lidia as sombras vê naquelles rayos". Desesperado por saber que sua amada, tornada estrela, estava morta, o saudoso e triste amante decide, então, "dar docemente á vida descontente /

// Armido, emfim, se parte morto, e triste; / e Lidia, emfim, se fica outra vez morta: / Nem Lidia ás ancias da sua dôr resiste; / nem os lassos Armido á pena corta: / A dor que he grande, athé no alivio assiste; / nenhum remedio á sua mágoa importa; / porque excede obstinada nas porfias / destas duas discretas tiranias." (*Saudades de Lidia, e Armido*, op.cit., p.203).

131 "Foy carpando, e surgindo toda a Armada / da Capitánia o rumo, e cortesias; / pouco a pouco se vai vendo afastada, / e ouvindo mal das Tubas as porfias: / Já Bellem pássa, e deixa a doce estrada, / que ennobrecem do Tejo as ondas frias; / e as Campanhas sulcando do occeano, / todas as Naos largavam todo o pano." (*Idem*, p.207).

132 "Agora neste carcere de pinho, / corrente as agoas, e grilhoẽns o vento / atado ás cordas, e sogeito ao linho, / o meu delicto pago em meu tormento: / He prisaõ successiva este caminho, / onde sim tenho livre o pensamento; / e este me agrava a culpa de meus êrros, / e athé do vento, e mar me forja os ferros." (*Idem*, p.249).

fatal ecclipse a seus florîdos mayos, / supoẽm com sigo; e alî, com louco acordo, / ao mar se arroja do ceruleo bordo".[133]

Mortos os amantes, encerra e julga seus infortúnios amorosos a *persona* lírica que os narra, deleitando com agudas lições de amor:

> Quando Armido no lenho se partia,
> quando Lidia na praya se ficava,
> Lidia no lenho o objecto he q̃. atendia,
> de sỹ Armido na praya se apartava:
> Aquella devisaõ que os desunîa,
> éra a uniaõ q̃. mais os transformava,
> clausulandose em tristes laberintos,
> indistinctos ao ser, e ávista extintos.
>
> Ao mesmo tempo Lidia, e Armido déram
> nova vida aos dous corpos, q̃. animáram;
> pois se entre ambos as vistas se perdêram,
> êntre ambos as duas almas se trocáram:
> Ambos a mesma gloria apetecêram;
> ambos o mesmo fim multiplicáram:
> Ella, da rocha ao mar se precipita;
> Elle, do bordo sem imitala, a imita.
> (...)
>
> Sentida Venus, e anojado Marte,
> unida pompa prevenira a Armido;
> segue funesto o belico Estendarte,
> roto o Arco do Deos já naõ seguido:
> Dos maritimos quasi a mayor parte;
> dos celestes o Deos mais preferido;
> Venus no mar o leva a Lidia bella,

---

133 *Idem*, p.251.

Saudades de Lídia e Armido, poema atribuído a Bernardo [...] 85

> Marte nos Ceos a ser com Lidia Estrella.
>
> O fim fatal de hũ, e de outro Amante,
> nas ondas, nas Estrellas se retrata:
> O Olimpo fixa em estrellas de diamante;
> e o Occeano em laminas de prata:
> Ambos ûne a fortuna sempre errante;
> ambos anima a fama nunca ingrata,
> authorizando em luzes essas palmas,
> Neptuno os corpos, Jupiter as almas.[134]

Na primeira estância referida, glosa-se aquela repisada confusão dos amantes, que é condição do amor;[135] Armido partiu na nau enquanto Lídia ficou na praia, mas, confundidos, ela, na nau, é que

---

134 *Idem*, p.253-256.
135 A esse respeito, pode-se recordar um dos muitos exemplos: Marsílio Ficino, em seu tratado *De Amore*, afirma que "Amorem procreat similitudo" (*De Amore*, II, 8. Edição utilizada: *Commentaire sur le Banquet de Platon, De l'Amour – Commentarium in Convivium Platonis, De Amore*. Texte établi, traduit, présenté et annoté par Pierre Laurens. Paris: Les Belles Lettres, 2002). Para ele, é, então, a semelhança que gera o amor, pois o amante esculpe no seu *animus* a figura do amado. Assim, o *animus* do amante torna-se espelho em que se reflete a imagem do amado; e é por isso que quando o amado se reconhece no amante, ele é compelido a também amá-lo: "Accedit quod amans amati figuram suo sculpit in animo. Fit itaque amantis animus speculum in quo amati relucet imago. Iccirco amatus cum in amante se recognoscat, amare illum compellitur." (*De Amore*, II, 8). Portanto, amado transforma-se em amante e amante em amado, em uma reunião amorosa de duas almas em um *só* corpo, como naqueles conhecidos versos atribuídos a Camões: "Transforma-se o amador na cousa amada, / Por virtude do muito imaginar; / Não tenho, logo, mais que desejar, / Pois em mi[m] tenho a parte desejada. / Se nela está minha alma transformada, / Que mais deseja o corpo de alcançar? / Em si somente pode descansar, / Pois consigo tal alma está liada". (Camões, Luís Vaz de. *Obra Completa*, op.cit., p.301).

olhava atentamente o "objeto" que ficava e ele, na praia, de si próprio se apartava. Assim, a divisão que desune os amantes é a união que mais os transforma; e ausentar-se no amor é clausular-se em tristes labirintos, pois, indistintos ao ser, amante é amada e amada é amante, porém, estando um(a) no(a) outro(a) transformados, distantes, não se veem a si mesmos. Por isso, na segunda estância mencionada, afirma-se que Lídia e Armido deram nova vida aos dois corpos que, mortos na ausência amada, animaram trocando-se as duas almas amantes: sem se ver, não souberam mais quem fosse Lídia e quem Armido. Daí ser a glória de um(a) a glória de outra(o) e o fim fatal de ambos multiplicado: se ela se jogou da rocha ao mar, ele, sem o saber, imita-a porque nela se confunde, jogando-se do bordo da nau ao mesmo mar.

Essa transformação amorosa, nas duas oitavas finais do poema, retrata-se nas metamorfoses de ambos os amantes tornados estrelas: Vênus, nascida no mar, leva Armido, que a respeitou por morrer de amor, até os céus para que Marte, a quem o rapaz honrou integrando a Armada, faça dele também estrela como Lídia. Tais transformações,[136] tomadas como agudos conceitos amorosos, são cantadas com estilo culto, à semelhança daquele gongórico que relata, no final da *Fábula de Polifemo y Galatea*, a metamorfose de Ácis que, esmagado pela imensa rocha que sobre ele lançou o apaixonado Polifemo, é acolhido pela mãe de Galateia, Dóris, que, com piedoso pranto, o saúda como genro e o aclama como divindade, pois foi transformado em rio.[137]

---

136 O principal modelo poético dessas (e de outras) "metamorfoses" é a conhecida obra homônima de Ovídio. Como se sabe, a *Fábula de Polifemo y Galatea* de Góngora tem como sua fonte mais notória as *Metamorphoses* ovidianas, em particular, os versos 750 a 897 do livro XIII. (Ovídio. *Metamorfoses*. Edição bilíngue. Tradução, introdução e notas de Domingos Lucas Dias; apresentação de João Angelo Oliva Neto. São Paulo: Editora 34, 2017, p.716-725).

137 "Con violencia desgajó infinita, / la mayor punta de la excelsa roca, / que al joven, sobre quien la precipita, / urna es mucha, pirámide no poca. /

Dessa forma, naquela oitava final das *Saudades de Lídia e Armido*, o fim fatal dos dois amantes é retratado, nas ondas e nas estrelas, por um estilo culto que faz deles "estrelas de diamante" do Olimpo, polidas pelas "lâminas de prata" do Oceano. Assim unidos pela "fortuna sempre errante" e eternamente animados pela "fama nunca ingrata", é, contudo, o agudo canto que os imortaliza dando a suas palmas amorosas luminosa autoridade, mais ainda que Netuno a seus corpos e Júpiter a suas almas.

Nesse poema estão, enfim, imortalizadas as saudades de Lídia e Armido graças a uma *persona* poética que se apaga em uma história manuscrita. Revitalizar e consolidar sua *auctoritas*, reinserindo-a na poesia luso-brasileira do século XVII pelo estudo e pela edição do poema, é tentar reanimar esse *corpus* em meio às ruínas letradas seiscentistas, de modo a mostrar a *persona* histórico-poética Bernardo Vieira Ravasco sempre viva em corpo morto. Assim, voltar os olhos para as *Saudades de Lídia e Armido*, supostamente pertencentes ao *corpus* poético de Bernardo, é proporcionar a esse poeta-autoridade que, de sombra Vieira, se faça luzeiro Vieira Ravasco, como o era nas ainda mal avistadas letras luso-brasileiras do século XVII.

Con lágrimas la ninfa solicita / las deidades del mar, que Acis invoca: / concurren todas, y el peñasco duro / la sangre que exprimió, cristal fue puro. // Sus miembros lastimosamente opresos / del escollo fatal fueron apenas, / que los pies de los árboles más gruesos / calzó el líquido aljófar de sus venas. / Corriente plata al fin sus blancos huesos, / lamiendo flores y argentando arenas, / a Doris llega, que, con llanto pío, / yerno lo saludó, lo aclamó río." (Góngora, Luis de. *Fábula de Polifemo y Galatea*. Edición de Alexander A. Parker. Madrid: Cátedra, 2007, p.155).

Referências bibliográficas

ACIOLI, Vera Lúcia Costa. *A Escrita no Brasil Colônia: um guia para leitura de documentos manuscritos*. Recife: Editora da UFPE; Fundação Joaquim Nabuco; Massangana, 1994.

A Fenix Renascida ou obras poeticas dos melhores engenhos portuguezes. Segunda vez impresso e acrescentado por Mathias Pereira da Sylva. 5 tomos. Lisboa: Offic. dos Herd. de Antonio Pedrozo Galram, 1746.

AGUIAR E SILVA, Vítor Manuel de. *Maneirismo e barroco na poesia lírica portuguesa*. Coimbra: Centro de Estudos Românicos, 1971.

ARISTÓTELES. *Ética a Nicômacos*. Tradução do grego, introdução e notas de Mário da Gama Kury. 3ª ed. Brasília: Editora da UNB, 1999.

_____. *Poética*. Tradução, prefácio, introdução, comentário e apêndices de Eudoro de Sousa. 8ª edição. Lisboa: Imprensa Nacional – Casa da Moeda, 2008.

_____. *Retórica*. Tradução e notas de Manuel Alexandre Júnior, Paulo Farmhouse Alberto e Abel do Nascimento Pena. 2ª edição, revista. Lisboa: Imprensa Nacional – Casa da Moeda, 2005.

BACELAR, Antônio Barbosa. *Obras Poéticas de António Barbosa Bacelar (1610-1663)*. Edição de Mafalda Ferin Cunha. Lisboa: Fundação Calouste Gulbenkian, 2007.

BLAKE, Augusto Victorino Alves Sacramento. *Diccionario Bibliographico Brazileiro*. Primeiro Volume. Rio de Janeiro: Typographia Nacional, 1883.

BLUTEAU, Raphael. *Vocabulario Portuguez, & Latino*. Vol.1-4. Coimbra: no Collegio das Artes da Companhia de Jesus, 1712-1713. Vol.5-8. Lisboa: na Officina de Pascoal da Sylva, Impressor de Sua Magestade, 1716-1721. Supplemento, Parte I. Lisboa:

na Officina Joseph Antonio da Sylva, Impressor da Academia Real, 1727. Supplemento, Parte II. Lisboa: na Patriarcal Officina da Música, 1728.

CALMON, Pedro. *História da Literatura Bahiana*. 2ª edição. Rio de Janeiro: José Olympio, 1949.

_____. *O crime de Antonio Vieira*. São Paulo: Melhoramentos, 1931.

CAMBRAIA, César Nardelli. *Introdução à crítica textual*. São Paulo: Martins Fontes, 2005.

CAMÕES, Luís Vaz de. *Obra Completa*. Organização, introdução, comentários e anotações de Antônio Salgado Júnior. Rio de Janeiro: Nova Aguilar, 2005.

CÁRDENAS, Jésus Ponce. *Góngora y la poesía culta del siglo XVII*. Madrid: Laberinto, 2001.

CARVALHO, Maria do Socorro Fernandes de. *Poesia de agudeza em Portugal: estudo retórico da poesia lírica e satírica escrita em Portugal no século XVII*. São Paulo: Humanitas; Edusp; Fapesp, 2007.

CASCALES, Francisco. *Tablas Poeticas*. Murcia: Por Luis Beros, 1617.

CURTIUS, Ernst Robert. *Literatura Européia e Idade Média Latina*. Tradução de Teodoro Cabral, com a colaboração de Paulo Rónai. 2ª ed. Brasília: Instituto Nacional do Livro, 1979.

Eccos que o Clarim da Fama dá: Postilhaõ de Apollo. 2 tomos. Por Joseph Maregelo de Osan. Lisboa: Na Offic. de Francisco Borges de Souza, 1761-1762.

Enciclopédia de literatura brasileira. Direção de Afrânio Coutinho e José Galante de Sousa. Volume 2. Brasília: Fundação de Assistência ao Estudante (FAE) – Ministério da Educação e do Desporto, 1995.

FICINO, Marsílio. *Commentaire sur le Banquet de Platon, De l'Amour – Commentarium in Convivium Platonis, De Amore.* Texte établi, traduit, présenté et annoté par Pierre Laurens. Paris: Les Belles Lettres, 2002.

FLACELIÈRE, Robert. *L'amour en Grèce.* Paris: Hachette, 1960.

GOMES, João Carlos Teixeira. *Gregório de Matos, o Boca de Brasa – Um estudo de plágio e criação Intertextual.* Petrópolis, Vozes, 1985.

GÓNGORA, Luis de. *Fábula de Polifemo y Galatea.* Edición de Alexander A. Parker. Madrid: Cátedra, 2007.

_____. *Soledades.* Edición de John Beverley. Madrid: Cátedra, 2007.

GRACIÁN, Baltasar. *Agudeza y Arte de Ingenio.* Edición facsímil. Estudio preliminar de Aurora Egido. Zaragoza: Institución «Fernando el Católico», 2007.

HANSEN, João Adolfo. *A sátira e o engenho: Gregório de Matos e a Bahia do século XVII.* 2ª ed. rev. São Paulo: Ateliê Editorial; Campinas: Editora da Unicamp, 2004.

_____. "Barroco, Neobarroco e Outras Ruínas". In: *Floema Especial - Ano II*, n. 2A, p.15-84, out. 2006.

_____. "Retórica da agudeza". In: *Letras Clássicas*, São Paulo, USP, n.4, p.317-342, 2000.

HATHERLY, Ana. *O Ladrão Cristalino: aspectos do imaginário barroco.* Lisboa: Cosmos, 1997.

HESÍODO. *Teogonia.* Tradução de Jaa Torrano. São Paulo: Iluminuras, 2006.

HORÁCIO. *Arte Poética.* Introdução, tradução e comentários de R. M. Rosado Fernandes. Lisboa: LCE, s/d (coleção bilíngue).

JAEGER, Werner. *Paidéia: a formação do homem grego.* Tradução de Artur M. Parreira. 4ª ed. São Paulo: Martins Fontes, 2001.

JÁUREGUI, Juan de. *Antídoto contra la pestilente poesía de las Soledades*. Estudio y edición crítica de José Manuel Rico García. Sevilla: Secretariado de Publicaciones de la Universidad de Sevilla, 2002.

KOSELLECK, Reinhart. *Futuro Passado: contribuição à semântica dos tempos históricos*. Tradução de Wilma Patrícia Maas e Carlos Almeida Pereira; revisão de César Benjamin. Rio de Janeiro: Contraponto; Ed. Puc-Rio, 2006.

LAUSBERG, Heinrich. *Manual de retórica literaria: fundamentos de una ciencia de la literatura*. Versión española de José Pérez Riesco. Volumen I. 4ª reimpresión. Madrid: Gredos, 1999.

LEITÃO FERREIRA, Francisco. *Nova Arte de Conceitos*. 2 tomos. Lisboa Occidental: Antonio Pedrozo Galram, 1718 e 1721.

LOBO, Francisco Rodrigues. *Corte na Aldeia e Noites de Inverno*. Prefácio e notas Afonso Lopes Vieira. 3ªed. Lisboa: Sá da Costa, 1972.

Lusíadas de Luís de Camões – Comentadas por Manuel de Faria e Sousa. Edição fac-similar. 2 volumes. Lisboa: Imprensa Nacional – Casa da Moeda, 1972.

MACHADO, Diogo Barbosa. *Bibliotheca Lusitana*. Tomo I. Lisboa Occidental: Na Officina de Antonio Isidoro da Fonseca, 1741.

_____. *Bibliotheca Lusitana*. Tomo II. Lisboa: Na Officina de Ignacio Rodrigues, 1747.

_____. *Bibliotheca Lusitana*. Tomo III. Lisboa: na Officina de Ignacio Rodrigues, 1752.

MATOS E GUERRA, Gregório de. *Crônica do Viver Baiano Seiscentista: obra poética completa; códice James Amado*. 2 volumes. 4ªed. Rio de Janeiro: Record, 1999.

_____. *Poemas atribuídos: Códice Asensio-Cunha*. 5 volumes. Edição e estudo de João Adolfo Hansen e Marcello Moreira. Belo Horizonte: Autêntica, 2013.

MONTES, José Ares. *Góngora y la Poesía Portuguesa del Siglo XVII*. Madrid: Gredos, 1956.

MOREIRA, Marcello. *Critica Textualis in Caelum Revocata? Uma Proposta de Edição e Estudo da Tradição de Gregório de Matos e Guerra*. São Paulo: Edusp, 2011.

MUHANA, Adma. "O gênero epistolar: diálogo *per absentiam*". In: *Discurso*. São Paulo, USP, n.31, p.329-345, 2000.

_____. *Os Autos do Processo de Vieira na Inquisição*. 2ª ed. São Paulo: Edusp, 2008.

OLIVEIRA, Manuel Botelho de. *Poesia completa: Música do Parnasso, Lira Sacra*. Introdução, organização e fixação de texto Adma Muhana. São Paulo: Martins Fontes, 2005.

OVÍDIO. *Metamorfoses*. Edição bilíngue. Tradução, introdução e notas de Domingos Lucas Dias; apresentação de João Angelo Oliva Neto. São Paulo: Editora 34, 2017.

PÉCORA, Alcir. *Teatro do Sacramento: a unidade teológico-retórico-política dos sermões de Antonio Vieira*. Campinas: Editora da Unicamp; São Paulo: Edusp, 2008.

PITTA, Sebastião da Rocha. *Historia da America Portugueza, desde o anno de mil e quinhentos do seu descobrimento, até o de mil e setecentos e vinte e quatro*. Lisboa Occidental: Na Officina de Joseph Antonio da Sylva, Impressor da Academia Real, 1730.

Poesia seiscentista – Fênix Renascida e Postilhão de Apolo. Organização de Alcir Pécora; Introdução de João Adolfo Hansen. São Paulo: Hedra, 2002.

PONTES, Maria de Lourdes Belchior. *Bibliografia de António da Fonseca Soares (Frei António das Chagas)*. Lisboa: Centro de Estudos Filológicos, 1950.

_____. "Góngora e os cultos, segundo a retórica conceptista, de

Francisco Leitão Ferreira – *Nova Arte de Conceitos*". In: *Separata do Vol. III das Actas do V Colóquio Internacional de Estudos Luso-Brasileiros*, Coimbra, 1966, p.5-16.

PUNTONI, Pedro. "Bernardo Vieira Ravasco, secretário do Estado do Brasil: poder e elites na Bahia do século XVII". In: *O Estado do Brasil: poder e política na Bahia colonial 1548-1700*. São Paulo: Alameda, 2013, p.199-241.

QUINTILIANO. *Instituição oratória*. 4 tomos. Tradução, apresentação e notas de Bruno Fregni Bassetto. Campinas: Editora da Unicamp, 2015.

REBELO, Luís de Sousa. *A tradição clássica na literatura portuguesa*. Lisboa: Livros Horizonte, 1982.

Saudades / De Lidia & Armido / Compostas por Bernardo Vieira & Ravasco. São Paulo: Biblioteca Brasiliana Guita e José Mindlin, Ms. s.l.p. scp s.d., 1fl.s.n., 10fls.

Saudades / de / Lidia, e Armido / Expostas na figura de Ella ficar saudosa / e magoada em terra, por Elle se ausentar / embarcando em huma Armada &^{a} / Compostas / Por Bernardo Vieira Ravasco / Irmão do grde. Pe. Ant.^{o} Vieyra / da extincta Companhia de Iesus. In: *Miscelanea Poetica / que comprehende / o que na seguinte página se declára. Tomo = 5°. Junto tudo neste volume, destribuîdo, e escrito / Por Antonio Correya Vianna / Lisboa = 1784 =.* Lisboa: Biblioteca da Ajuda, Ms. 49-III-65, fls.173-256.

SCHWARTZ, Stuart B. *Burocracia e sociedade no Brasil colonial: o Tribunal Superior da Bahia e seus desembargadores, 1609-1751*. Tradução de Berilo Vargas. São Paulo: Companhia das Letras, 2011.

SILVA, Marco Antônio Nunes da. "Bernardo Vieira Ravasco e a Inquisição de Lisboa". In: *Politeia: História e Sociedade*, Vitória da Conquista, v. 11, n. 1, p.61-80, 2011.

SKINNER, Quentin. *As fundações do pensamento político moderno*. Tradução de Renato Janine Ribeiro e Laura Teixeira Motta. 6ª reimpressão. São Paulo: Companhia das Letras, 1996.

SPINA, Segismundo. *Introdução à Edótica: Crítica Textual*. 2ªed. rev. e atual. São Paulo: Ars Poetica; EDUSP, 1994.

TASSO, Torquato. *Discorsi dell'Arte Poetica e in particolare sopra il Poema Eroico*. In: *Prose*. A cura di Ettore Mazzali. Milano, Napoli: Riccardo Ricciardi, 1959.

TEIXEIRA, Ivan. "A poesia aguda do engenhoso fidalgo Manuel Botelho de Oliveira". In: *Música do Parnaso*. Edição fac-similar [1705]. Organização e estudo crítico de Ivan Teixeira. Cotia: Ateliê Editorial, 2005, p.7-96.

TORELLI, Pomponio. *Trattato della poesia lirica*. Roma: Biblioteca Italiana, 2003. Disponível em: http://www.bibliotecaitaliana.it./indice/visualizza_testo_html/ bibit000505.

VARNHAGEN, Franciso Adolfo de. *Florilegio da Poesia Brazileira*. Tomo I. Lisboa: Imprensa Nacional, 1850.

VASCONCELOS, Carolina Michaëlis de. *A saudade portuguesa: divagações filológicas e literar-históricas em volta de Inês de Castro e do cantar velho "Saudade minha – quando te veria?"*. Porto: Renascença Portuguesa, 1914.

VERÍSSIMO, José. *História da literatura brasileira: de Bento Teixeira (1601) a Machado de Assis (1908)*. Brasília: Editora da UnB, 1998.

Critérios adotados para esta edição

Esta edição das *Saudades de Lídia e Armido* atribuídas a Bernardo Vieira Ravasco, como já salientado no estudo que a antecede, baseia-se no manuscrito depositado na *Biblioteca da Ajuda*: o quinto tomo de uma *Miscelânea Poética*, compilado, em Lisboa, por Antônio Correia Vianna e datado de 1784, e do qual faz parte o referido poema. Contudo, como também já se destacou, conhece-se outro manuscrito em que se conservam essas *Saudades*, provavelmente da segunda metade do século XVII e, portanto, anterior ao de Correia Vianna, mas anônimo e sem data nem local, depositado atualmente na *Biblioteca Brasiliana Guita e José Mindlin* em São Paulo. Embora se reproduza a lição da primeira fonte mencionada, quando há diferenças textuais significativas entre ela e a segunda, são colocadas notas de rodapé para registrar as variantes.

Sendo assim, para esta edição do texto foram adotados três critérios gerais:

> I. Atualização da ortografia, com algumas exceções que serão explicitadas adiante;
> II. Manutenção da pontuação apresentada no manuscrito, pois, na época, ela era mais prosódica do que sintática e, por tratar-se de poesia, os sinais de pontuação

são fundamentais para marcar as pausas e o ritmo dos versos e suas possíveis entonações na leitura;

III. Não adaptação do texto às atuais regras gramaticais, porque, além de serem anacrônicas (tendo em vista os tempos em que foram compostos, possivelmente, o poema e, certamente, o manuscrito), alterações nesse sentido poderiam afetar a rima, o ritmo e a métrica dos versos.

Além desses gerais, adotaram-se também os seguintes critérios específicos:

1. Mantêm-se as letras maiúsculas e minúsculas em começo de palavras (e, consequentemente, de versos) como aparecem no manuscrito;
2. Desenvolvem-se as abreviaturas, salvo aquelas de uso corrente ainda hoje ou cujo desenvolvimento implicaria alterações de métrica e/ou ritmo;
3. Mantém-se a grafia das palavras "*ágoa*" e "*frágoa*", não se atualizando o ditongo *goa* para *gua*, pois essa alteração afetaria a rima em alguns versos;
4. Conservam-se algumas grafias que, mesmo em desuso atualmente, podem indicar realizações fonéticas específicas da época e sua alteração, em alguns casos, interferiria em questões rítmicas, rimáticas ou métricas: "*arvorada*", "*dous*", "*cobarde*", "*cobardia*", "*felice*", "*pertende*", "*pertendias*", "*pranta*", "*presistes*", "*resplendece*", "*valerosa*" etc.
5. Preservam-se, empregando-se o apóstrofo ('), as aglutinações nos seguintes vocábulos: "*c'o*", "*co'a*", "*co'as*", "*c'os*", "*d'ágoa*", "*d'alma*", "*m'a*", "*n'ágoa*", "*n'alma*".
6. Os raros acréscimos são indicados entre colchetes [ ].

Saudades de Lídia, e Armido

~~~

Expostas na figura de Ela ficar saudosa e magoada em terra, por Ele se ausentar embarcando em uma Armada etc.

Compostas
Por Bernardo Vieira Ravasco
Irmão do grande Pe. Antonio Vieira
da extinta Companhia de Jesus

Advertência

No tempo em que com as sucessivas guerras com Castela, por sustentar Portugal a Coroa no seu Legítimo aclamado Rei o senhor D. João 4º, havia por causa de irem à Campanha, a experimentada, e triste separação dos filhos de suas Mães, dos Esposos, de suas Esposas etc., moveu a compaixão de alguns Engenhos poéticos desse tempo a pintarem essas lastimosas partidas, com o título de "Saudades de Lídia, e Armido" como além de outras, foram as que compôs o Dr. Antonio Barbosa Bacelar, primeiras, e segundas; umas que vêm impressas no 1º Tomo das (sic) *Fênix* à pag. 77; outras no 2º Tomo pg.33; e em competência delas, as que compôs outro Engenho, e vêm também impressas no Tomo 1º da dita *Fênix* pg. 32. E assim, entre a ocorrência destes entusiasmos, tocou parte ao Autor das presentes que declarado fica no rosto antecedente etc.

Oitavas

1

Era o tempo gentil, em que as boninas
a respirar no berço começavam,
renovando as memórias peregrinas,
que a vida de suas cores trasladavam:
Êmulas fixas de outras mais divinas,
seu campo azul mentido equivocavam;
Lascivo engano ao Deus, que bruto, a Copa
deixou de Ganimedes por Europa.

2

Quando nas ondas, que ilustrou, surgindo
aquele fatal Grego, a quem recreia,
seus mármores lavando, e consumindo
em cinzas Troia, em muros Ulisseia:
Dos Lenhos, que o valor foi construindo,
para serem do Sol nadante estreia,[1]
galhardos, e guerreiros autorizam
o Céu que ofendem, e o cristal que pisam.

3

Em todos os Mortais se obedecia
da doce pressa o império imaginado;
nem folha o ar, nem onda o mar movia,
calada a noite, o dia sepultado:
Tudo entre horror, e sombra se escondia,
atado o vento, o sono desatado;
e dele já vencidas as estrelas,
tropeçavam no curso menos belas.

---

1 No manuscrito da *Biblioteca Brasiliana* (BB), em vez de "estreia", aparece o seguinte vocábulo: "astreia". (Daqui em diante, utilizar-se-á apenas a sigla "BB" para indicar as variantes textuais).

4
Deu, de um bronze ferido o ingrato alento,
o primeiro sinal à forte Armada:
Altera o Mar o fero movimento;
perturba a Terra a Leva inopinada:
Tudo abala o confuso sentimento;
a nada acerta a pressa alvoroçada:
Ferve o embarcar nas Naus em toda a parte;
em toda geme Amor, padece Marte.

5
Padece Marte; porque o mais brioso
se sente ao despedir menos valente;
que o termo de apartar-se, é tão penoso,
que o[2] sente fraco quem feroz não sente:
Geme Amor; porque o impede mavioso
dos corações a fama impaciente;
transformando esta doce tirania
o Amor em morte, a morte em tirania.

6
Enquanto todos mal se despediam,
enquanto à pressa todos se embarcavam,
só de Lídia os desprezos se acendiam,
só de Armido as memórias se apagavam:
Em dilúvios os olhos convertiam
as razões, que os dilúvios igualavam;
e Lídia o fogo destilando em mágoas;
incêndio às ágoas é, naufrágio às frágoas.

7
Era Lídia, um domínio peregrino
da vista, da prudência, da Loucura;

---

2   BB: não há esse "o".

Ser, que fez o Divino mais divino,
a fermosura menos fermosura:
De unidas perfeições confuso atino,
de opostos Astros conformada usura;
tudo prodígios, e silêncio tudo;
hipérbole de si, milagre mudo.

8

O que era Lídia, só se interpretava
da glória com que tudo suspendia;
porque a fé, que entendida a venerava,
era ignorando-a sábia idolatria:
Confundia a vontade o que ignorava,
incrédulo o juízo do que via;
que por não duvidar-se, pode ver-se,
para inferir-se bem, não perceber-se.

9

O que dela podia só dizer-se,
é só que não podia comparar-se;
que intentar de algum modo encarecer-se,
era aspirar de todo o modo errar-se:
Sempre foi nela igual perigo o ver-se
ao cego precipício de explicar-se;
que foi, para não crer-se de exaltada,
para não compreender-se imaginada.

10

Era de Armido empenho transformado,
assim como de Lídia o era Armido;
tão unidas as almas num cuidado,
como um só ser aos corações unido:
Qualquer, era nos dous multiplicado,
e tão confusamente transferido,

que ambos eram objetos dous precisos;
vistos, Adônis; vendo-se, Narcisos.

11

Em este[3] Armido raro, aquela ideia
que aos mais belos Pastores desprezados,
em Júpiter ardendo, e Galateia,
mais discretos fizera seus cuidados:
De Vênus vibra, de Vulcano estreia,
graças, e raios, com tal arte atados;
que quem as via desatar sem arte,
via a espada em Cupido, a aljava em Marte.

12

Daqueles dous extremos, que parece
negam ser entendido, e venturoso,
composto excesso foi, que desvanece
o impossível das ditas mais penoso:
A competência nele resplendece
quanto a invejas despreza generoso;
novo assunto do Fado, e Natureza,
Mimo da Graça, Gênio da Grandeza.

13

Nas batalhas de Amor, tinha mostrado
de seu furor a branda valentia:
Nas de Mavorte agora ensanguentado,
provar da espada os fios pertendia:
Já seu valor, à fama consagrado,
do peito arranca a seta, que o feria;
e resolve consigo, em breves sumas,
novos Astros ir ver, novas espumas.[4]

---

3   BB: "Era esse".
4   BB: "escumas".

14

Mas quando se resolve, então duvida
lutar rendido com poder mais forte:
Se a Lídia vê, suspende infausto a ida;
se a retrocede, ofende indigno a Sorte:
Vê-la, e ficar, seria infame vida;
não a ver, e partir, ingrata morte:
Mas nesta nobre, ou vil perplexidade,
cede[5] as Leis do valor às da vontade.

15

Estava Lídia em braços de um desmaio,
mortal sagrado da culpada vida;
que foi delito, não perdê-la ao raio
da dor, que a morte faz menos temida:
Fez nela a vida seu funesto ensaio,
para quando de si fosse homicida;
e unindo paroxismo a paroxismo,
remédio à pena foi seu mesmo abismo.

16

Já sem calor o fogo se escondia
entre as cinzas da neve que o deteve;
se as cinzas desmentiam que inda ardia;
que já expirava, confirmava a neve:
Sendo toda de fogo, estava fria;
sendo de neve, toda ardendo esteve:
té que Armido aplicando à vista o rogo,
a neve anima, ressuscita o fogo.

17

Qual de pálidas sombras afrontada,
primogênita Luz, quase indistinta,

---

5   BB: "cedem".

da branca mão da Aurora desatada,
Fênix renasce de si mesmo extinta:
E em pérolas a vida destilada,
nas flores onde[6] as vê, bebe sucinta;
té que animado o Sol, troca os horrores
das urnas de cristal, em resplendores.

18

Assim Lídia: Mas quando a dor adverte
na adora[da][7] ocasião de seu tormento,
a queixa esforça, e tímida converte
a esfera de ágoa, em voz de sentimento:
Nada intenta dizer; que triste a Sorte,[8]
soçobra a dor o mesmo pensamento;
e náufrago o juízo em tantas mágoas,
se salva em ondas, e se afoga em frágoas.

19

Do mesmo modo Armido, o fogo, e ágoa
une cobarde, e aumenta enternecido;
no peito, e olhos condensada a mágoa;
na boca, e voz, o medo convencido:
Perplexo admira em Lídia nova frágoa,
de outra beleza extremo nunca ouvido;
pois viu nascer dous Sóis, chorar Faetontes,
luzir eclipses, despenhar-se fontes.

20

Ambos se veem, se elevam, se retratam
no cristal, de que os olhos são quartinas;

---

6   BB: "donde".

7   BB: "adorada". Supõe-se que houve um lapso no manuscrito de Correia Vianna, não se colocando a sílaba final "da" do vocábulo "adorada".

8   BB: "acerte".

e em cada espécie, mil memórias tratam,
que o mesmo Amor da língua fez indignas:
Oh como docemente ambos relatam
as venturas, que o fado fez mofinas;
e que impossível é dizer a pena
o que um do outro infere, o que o condena!

21

Encontrados na vista os pensamentos,
gela um frio temor os tristes peitos:
Ambos se calam; e ambos seus tormentos,
mudamente encarecem nos efeitos:
Interpreta-os a dor nos desalentos,
equivoca-os a mágoa nos conceitos:
Mil segredos decifram, mil pesares
mal[9] os dous corações, enquanto mares.

22

Como de ambos unidos, se compunha
aquela vida, que a ambos animava;
entre os olhos a morte se dispunha,
que mais tiranamente os apartava:
Mas a causa, que neles se propunha,
de tal modo a senti-la os transformava;
que duplicando as almas, e os gemidos,
duas Lídias a choram, dous Armidos.

23

Na triste suspensão deste acidente,
(mais triste no privar de cada instante)
que suspiro não é mais eloquente?
que palavra não é mais ignorante?
Sem falar, se prometem sabiamente

---

9   BB: "mas".

nos derradeiros ais, fé mais constante;
que nunca teve Amor mais finos laços,
que dividindo os últimos abraços.

24

Mas como sempre a dor de quem se ausenta,
é menor, que o tormento de quem fica;
na mesma dor, Armido à dor se alenta;
e Lídia o seu tormento multiplica:
Por isso já cruel se não contenta
só co'a morte, a que a vida sacrifica:
às queixas se remete de mil sortes,
por ter em cada queixa muitas mortes.

25

Querido meu (lhe diz) querido Ingrato:
que tirania é esta, que enfim usas;
merece meu amor, meu ser o trato
com que teu[10] ser, e meu amor acusas?
De nossos corações eram retrato
as finezas em nós sempre confusas:
e agora, que as distinguem tais efeitos,
em mim são culpas, o que em ti defeitos?

26

Que pertendes ir ver nessas[11] estrelas?
que desejas pisar mais belas flores?
já as flores não[12] aprendem a ser belas,
nem estrelas a ter mais resplendores:
que nas flores, mudavas as cautelas;
nas estrelas, fingias os favores:

---

10   BB: "seu".

11   BB: "novas".

12   BB: "já nem as flores".

Oh vil lisonja! Tu te perverteste:
Eu me enganava então: não eras este?

27

Se me dizes, Armido, que é preciso
romper os laços, que inda Amor tecia;
nessa ação vituperas teu juízo,
desacreditas tua fidalguia:
Quem despreza o que adora, não tem siso:
quem se esquece do que ama, se injuria;
e se ilustre, ou discreto me adoraste,
neste delírio a ti te profanaste.

28

Lembra-te Armido, Armido, aquele empenho
com que em nascendo, logo nos quisemos?
Destas almas repara no despenho,
violadas quantas leis ambos lhe demos:
Vê que fé tem; que fim; que desempenho
os votos, que mil vezes nos fizemos;
e se não queres respeito a nada,
considera-me a mim de ti deixada.

29

Mal cuidei, que este tempo de delícias
o viesse agora a ser destas batalhas!
nem que o Amor, que peleja entre carícias,
convertesse os despojos em mortalhas!
Mas[13] pague a vida à morte estas primícias,
que em matar-me só quero que me valhas;
e se não matas quem ao campo chamas,
teu brio eclipsas, teu valor infamas.

---

13   BB: não há esse "mas".

30

Se aspiras ser da Fama um dos ousados,
Palas, e Tétis a teus pés rendidas;
não busques Mares nunca navegados;
não busques guerras nunca acometidas.[14]
Aqui pélagos tens nunca buscados;
aqui batalhas tens nunca vencidas:
Deixa essa glória de outro mar, e terra;
pois nesta terra, e mar deixas a guerra.

31

Dá fim primeiro àquela que é mais fera;
tira esta vida, que te ofende triste;
pois nunca vil a espada degenera,
que mata vencedora a quem resiste:
Toda a campanha azul,[15] é estreita esfera
à gloria, que em matar-me só consiste:
Carroça o teu Baixel será triunfante,
se morta em teu triunfo eu for diante.

32

Oh não sigas, Armido, essa jornada
em que essa vida vai tão duvidosa!
Ou me tira esta tua malograda,
que quando Deus queria era ditosa:
Não me leves lá essa[16] afeminada,
que cá te fica a tua valerosa;
olha que é tua, e corre o mesmo[17] perigo
no mesmo extremo com que a minha sigo.

---

14 BB: "acontecidas".
15 BB: não há o vocábulo "azul".
16 BB: há o vocábulo "alma" depois de "essa" e antes de "afeminada".
17 BB: "meu".

33

Mas ai (vida) que a tua em mim não fica,
e só fica o tormento de deixar-me!
Não choro a vida, pois se sacrifica;
sinto o tormento, pois não quer matar-me:
Ambas me levas; bem se qualifica
o excesso com que vás tiranizar-me;
pois dispusestes[18] de tal modo a queixa,
que uma vida se vai, outra me deixa.

34

Vai a minha, discreta por seguir-te;
deixa-me a tua, ingrata por deixar-me:
Ambas se uniram n'alma, que a servir-te
vai da glória que tens de atormentar-me:
Em seu lugar terei, para sentir-te,
meus sentidos, que bastam a acreditar-me;
porque é na ausência, sempre o mor tormento,
padecer sem dizer-se o sentimento.

35

Se dar-me vida cuidas que é clemência,
nela introduzes nova tirania;
pois se a vida me levas nesta ausência,
deixar-me viva, é morte que eu temia:
Para ausentar-te, tudo foi violência;
para matar-me, tudo cobardia:
Quem viu nunca suplício desta sorte;
tirar-me a vida, e não me dar a morte?

36

Aos golpes da ágoa, os mármores se rendem;
ao benefício, as feras obedecem:

---

18   BB: "dispuseste".

A ti, estas fontes muito mais te incendem;
e contigo, as finezas desmerecem:
Menos dureza os mármores pertendem;
menos fereza os brutos apetecem:
Tu, no insensível, e cruel, esperas
os mármores vencer, vencer as feras.

37

Armido, meu senhor, querida Prenda;
como de mim, cruel, te não lastimas?
Mate-me já; e acaba: não se entenda,
que nem[19] me matas, porque não[20] me estimas:
Se queres, que a viver morrendo aprenda,
comece a vida; o coração que animas
aqui tens a teus pés, Armido indigno;
ouve-me fero, mata-me benigno.[21]

38

Qual a flor, que noturna maravilha
em fragrância de neve se desata,
e desprezando a cândida mantilha,
púrpuras pisa em trono de escarlata:
Mas por deixá-la o Sol, a pompa humilha;
da majestade, forma tumba ingrata;
e agonizando a vida vespertina,
caduca exala, e murcha se reclina.

39

Assim Lídia (que as mágoas suspendia,
porque os soluços, e os suspiros eram
tropeço à voz enferma, que os dizia

---

19 BB: "não".
20 BB: "nem".
21 BB: "indigno".

cláusula ao coração de que nasceram[)].[22]
Se humilha, com queixosa cortesia,
àqueles pés, que tanto a obedeceram:
Prostra-se Armido, que na dor a iguala;
e assim prostrado, deste modo fala.

40
Vida minha adorada: bem confesso,
que tudo quanto dizes, me convence;
porém se o nosso amor, é todo excesso,
obrá-los, não senti-los nos pertence:
Este em que estamos, último congresso,
de nossos corações; se a ti te vence;
a mim me anima, quando arrependido
pudera a vida ter antes perdido.

41
Mas permite-me, oh doce glória minha,
(que tu sempre o hás de ser[23] nas mores penas)
que me desculpem quantas razões tinha
para esta ação, que tanto me condenas:
E logo julgarás se te convinha
não partir eu, partindo essas entenas:
Valha-me o teu juízo; e dê licença
à minha imensa dor, tua dor imensa.

42
Se a fortuna abracei de novo Marte,
foi só para de novo merecer-te;
porque a excelência de saber amar-te,

---

22 No manuscrito de Correia Vianna não se fecham os parênteses que se abrem no primeiro verso dessa oitava. Mas é possível supor-se que seriam fechados no quarto verso, como se sugere entre colchetes.

23 BB: "que sempre a há de ser".

fez, para mais te amar, deixar de ver-te:
a fé desta fineza de adorar-te,
é o ardil que inda tinha de querer-te:
Vê logo, se este amor tão peregrino,
pode ser justamente desatino.

43

Amar sem padecer, é grande dita;
mas dita, que não dá merecimento;
que a pureza do amor, mais se acredita
na ausência, na firmeza, e no tormento:
Aquele, que ser raro solicita,
sempre dá que lograr ao sofrimento;
e se ditosos nunca padecemos,
não dirás o que a nós nos merecemos?

44

Se inda não lamentamos saudades,
nem mágoas de memórias descontentes;
se unidos sempre em nossas liberdades,
nunca nos vimos até agora ausentes:
Se éramos ambos cegas divindades;
de nós mesmos idólatras contentes:
Como podia, em tal contentamento,
Lograr-se a glória de nenhum tormento?

45

Permite logo, oh Lídia, que esta ausência
nas mesmas penas nos duplique o gosto;
que sempre o bem, do mal foi consequência;
e da glória, o tormento pressuposto:
Do vento, e mar entregue à contingência,
firmezas só fabrico, a tudo exposto:
Não cuides que me aparto, se me ausento;
que a unir-me mais, me leva o mar, e o vento.

46

Contigo fico, e vou também comigo
neste erro inevitável de apartar-me:
Vê que modo tão nunca usado sigo,
por não deixar-te a ti, por não deixar-me?
Levar-me a mim, e não ficar contigo,
era mais impossível que ficar-me:
julgo logo, se é mais ir quando fico;
pois, por não me apartar, me multiplico?

47

Tirana sutileza é esta ausência,
que vá comigo, que contigo assista;
pois dobro a pena, e nego a resistência
ao novo efeito que esta dor alista:
Que[24] a saudade ao partir doce excelência,
ao ficar substitui ausente a vista;
e eu dando injusto alento à crueldade,
fico sem vista, parto sem saudade.

48

Porque me fico, parto sem saudade;
porque me parto, é certo que não vejo;
e aquela é mais cruel penalidade
onde[25] a presença é véu do seu desejo:
Ser alívio levá-la, é falsidade,
pois nesse alívio, nova dor elejo,[26]
que levar a saudade na presença,
é das dores a dor que é mais intensa.

---

24   BB: "é".
25   BB: "donde".
26   BB: "desejo".

49
Mas se dizes, oh Lídia, ser esta alma
a tua, viveremos docemente;
pois pediremos, em tão triste calma,
socorro à causa dela mais presente:
eu co'a tua soberba levo a palma:
tu co'a minha não ficas diferente:
Não sintas logo ir eu, nem despedir-me,
pois tu comigo vás, e eu fico firme.

50
E quando estas razões te não abalem,
respeita aos raios de uma ilustre fama,
de que as estrelas por luzir se valem,
de que o Sol por viver esconde a chama:
Não permitas, que só de mim se calem
os ecos do Clarim, que aos mais aclama;
nem a ambição prefiras de lograr-me,
aos créditos de mais autorizar-me.

51
Que quando vires, que galhardo chego
a teus braços... Mas nisto um grão bramido
do tremendo metal, rompe o sossego,
e o medonho sinal dá repetido:
Fica-se Armido perturbado, e cego;
Lídia sem voz, sem vida, e sem sentido:
Armido, quase um êxtase de pena:
Lídia, quase um cadáver de açucena.

52
Fica-te Lídia embora, que é chegado
(lhe diz Armido) o tempo que é preciso
deixar de ver-te, e obedecer ao fado,

contra as leis do desejo, e do juízo:
A vida aceita neste não logrado
abraço, em que te[27] dá seguro aviso
um coração, que se viver aspira,
é porque tenha o mal aonde mais fira.[28]

53

Armido, enfim, se parte[29] morto, e triste;
e Lídia, enfim, se fica outra vez morta:
Nem Lídia às ânsias da sua dor resiste;
nem os laços Armido à pena[30] corta:
A dor que é grande, até no alívio assiste;
nenhum remédio à sua mágoa importa;
porque excede obstinada nas porfias[31]
destas duas discretas tiranias.[32]

54

Quem nasce triste, e vive sem ventura,
sente pouco acabar o seu queixume;
que um padecido mal[33] se se aventura,
diminui o tormento no costume:
Mas quem, sem prevenir mágoa futura,
o arrojo a maior dita do seu cume,
de dous extremos une impaciente
a dor no bem que perde, e mal que sente.

---

27 BB: não há o "te".
28 BB: todo esse verso é diferente: "morrer só para ver do que respira".
29 BB: "se parta".
30 BB: "de sua pena".
31 BB: "na porfia".
32 BB: "a tirania".
33 BB: "porque um mal padecido".

55

Por isso Lídia sente mais que Armido;
e a dor nele é menor por meditada.[34]
Mas ai, que Armido a tinha presumido,
e só agora a padece experimentada!
Sem vida chega à praia; e sem sentido
o ser de Lídia, em vão dele deixada:
para ambos foi, naquela sorte escura,
tumba o batel, o estrado sepultura.

56

Já as mal acesas luzes apagava
nas salas de zafiro aonde[35] ardiam,
a roxa Precursora, que acordava
ao rei das flores, que de o ver se riam:
De paveias, e flâmulas se ornava
a Armada, cujas Naus o Hybla venciam,
rompendo alegre a bélica harmonia
da naval arvorada o fatal dia.

57

Do monte desce já, que não receia,
a carroça do Sol os resplendores;
e o zéfiro suave, que os recreia,
respirava lascivo em seus ardores:
Quando as âncoras leva, a vela estreia
c'os costumados náuticos rumores,
a capitania; e entre nuvens alvas,
de luzidos trovões fulmina salvas.

---

34 BB: "premeditada".
35 BB: "donde".

58

Da terra, e mar, horrendas, e galhardas,
as Naus, e Fortalezas se respondem;
articulam-lhe as vozes as bombardas,
os acenos o fumo em que se escondem:
Teme o Tonante as armas, que bastardas,
indignamente às suas correspondem:
tudo entre assombros treme agonizando,
gemendo o ar, os ecos retumbando.

59

Desperta do acidente, ao som dos tiros,
a triste Lídia, para ser mais forte
que a morte de suas ânsias, e suspiros,
ver partir quem lhe nega a mesma morte:
Rompe com ais os líquidos zafiros;
culpa com vozes sua ingrata sorte;
e no estrago dos últimos ardores,
passa a dor a borrasca de furores.

60

As ondas de ouro, que das brancas quilhas
a cristalino impulso maltratadas,
eram do vento vácuas maravilhas,
eram do Sol injúrias veneradas;
se vêm qual golfo soltar as quadrilhas,
de descorteses motos profanadas;
e rasgada[36] da insânia as açucenas,
feridas praias, náufragas entenas.

---

36 BB: "rasgadas".

61

Foi carpando,[37] e surgindo[38] toda a Armada
da Capitania o rumo, e cortesias;
pouco a pouco se vai vendo afastada,
e ouvindo mal das Tubas as porfias:
Já Belém passa, e deixa a doce estrada,[39]
que enobrecem do Tejo[40] as ondas frias;
e as Campanhas sulcando do oceano,
todas as Naus largavam todo o pano.

62

Se é natural a todos certa mágoa
com que se apartam quando se despedem,
qual seria dos dous a triste frágoa
por motivos que em vão sua dor excedem?
Ele num bordo, Ela junto da ágoa,
já pouco alívio as Naus, e a terra pedem,[41]
pois as Naus no horizonte se esconderam,
e a terra, enfim, nas sombras que desceram.

63

Estava a noite triste, e só se ouviam
na solitária praia, e na espessura,
queixar as ondas, e Aves, que anunciam
com funesto gemido, a dor futura:
Os ecos, o silêncio, o horror, faziam
maior o espanto, a sombra mais escura,

---

37 BB: "zarpando".
38 BB: "seguindo".
39 BB: "entrada".
40 BB: "que do Tejo enobrecem".
41 BB: "perdem".

confundindo o pavor, em vários medos,
ondas, praias, gemidos, e arvoredos.

64

Tudo Lídia despreza generosa,
e a praia com discreto desatino
desigualam os cristais de neve, e rosa,
que um só ponto igualava peregrino:
Quanto os profana espuma ambiciosa,
de Vênus se presume outro destino;
e são tudo o que estampam prantas belas,
na praia flores, e na espuma estrelas.

65

Sobe-se Lídia então, cega, a um rochedo,
que no mar debruçado, em si se tinha;
e entre as consultas de valor, e medo,
resolve que matar-se, só convinha:
Parece à causa tarde, à vida cedo
enquanto infaustamente se detinha;
mas não quis dar ao mar a triste[42] vida,
sem dar ao vento a extrema despedida.

66

Vai-te enfim (diz) Armido; e enfim deixaste
fero a Lídia, a quem tanto mereceste?
Dize: a que fim (cruel) tanto me amaste,
se em nosso amor se havia de ver este?
Se nessa ação como valente obraste,
como amante as da fé nela perdeste?
Oh não sei se terás lá tanta fama,
como esta ingratidão, que aqui te infama!

---

42 BB: "indigna".

67
Discorre contra si quem nesciamente
despreza a possessão pela esperança:
Só tu deixas a glória permanente,
por querer infeliz esta mudança!
A esperança foi sempre contingente;
e só no logro do seu Bem descansa:
julga logo, se deixas entendido
pelo bem da esperança, um possuído.

68
Sem saber onde vás, te vás tirano?
e sabendo o que perdes, tudo deixas?
Quando chorares triste o teu engano,
então te lembrarás de minhas queixas:
As fortunas, que são vil desengano,
ao mor engano andavam sempre anexas;
mas se o mais ignorante, é mais ditoso,
ignorando onde[43] vás, vás venturoso.

69
Se por mais padecer é que te ausentas,
e nessa indústria fias as finezas,
maior fineza fora, que a que intentas,
sentir o não sentir perder a empresa:
E se tu dessa pena te contentas,
foras cá triste de não ter tristeza,
que o padecer no[44] padecer tormento,
é da fineza o mor merecimento.

---

43 BB: "donde".
44 BB: "não".

70

Se a vago lenho,[45] entregue ao mar, e vento
(todo inconstâncias um, outro mudanças)
não querendo de mim fiar o intento,
fias a vida, o ser, e as esperanças:
A quantos fez um instável pensamento
ser princípio[46] de suas confianças?
Prossegue logo tuas incertezas,
que eu mostrarei quais são minhas firmezas.

71

Quando esta noite a extrema voz[47] me viste,
que inexoráveis foram teus sentidos;
pois te não magoavam, se os ouviste,
de minha dor os míseros gemidos:
A teu juízo, e olhos resististe,
da tirania em lástimas movidos:
é tão ferina a tua crueldade,
que nem contigo tens humanidade.

72

Mas se o teu coração é de aço fino,
que nele não mostraste outra fineza,
que vale desta ágoa, e fogo o desatino,
se a[48] fogo, e ágoa usurpas mais dureza?
Porém, se o ferro mais diamantino,
perde no fogo só sua firmeza;
cada suspiro meu, é um raio insano;
mais os podes temer, que os de Vulcano.

---

45 BB: "Se a um vago lenho".
46 BB: "precipício".
47 BB: "vez".
48 BB: "ao".

73

Se contudo, desprezas duro a frágoa
que contra ti fulminam meus suspiros,
os mares teme de uma nova mágoa;
que te soçobrem com vorazes giros[:]
Mas ai, que levas todo o vento, e ágoa
a teu favor, e os vencem teus retiros!
em vão procuro obrar, em ágoa, e fogo,
ações, que o vento, e ágoa apagam logo.

74

Segue logo ditoso essa ágoa, e vento,
que a este meu preferiste fogo, e ágoa;
que se nessa ágoa tens contentamento,
só me contenta a mim ter esta frágoa:
Leve-te embora o mar o salvamento,
e eu fique embora entregue[49] à minha mágoa;
que ambos teremos n'ágoa, e fogo a sorte;
tu na ágoa a vida; e eu no fogo a morte.

75

Mas vós pesadas Aves, que nadantes
apartais estas almas sempre unidas,
se da ágoa, e vento vir quereis triunfantes,
não sejais de vós mesmas homicidas:
Virais[50] logo essas asas espumantes,
senão vereis, já tarde arrependidas,
infamemente em cinzas abrasados
mantos, entenas, quilhas, e costados.

---

49 BB: "entre".
50 BB: "virai".

76
Pois farão rosto ao ar, em meus gemidos,
impaciente o fogo em minhas mágoas,
os dilúvios em nuvens convertidos,
os suspiros em vento, os ais em frágoas:
E o seu[51] rodar os Astros sacodidos;
bramir os ventos, resultar as ágoas;
e ser ao[52] nauta deste meu presságio
lastimoso sinal vosso presságio.

77
Mas ai (cruel!) que o fogo, o mar, e o vento,
cada qual teu desejo solicita!
Todos conspiram para o meu tormento;
mas meu tormento em todos se acredita:
Se uma só pena dá merecimento,
quanto terá quem tem pena infinita?
Vós o dizeis desprezos de meu rogo,
padecidos no vento, n'ágoa, e fogo.

78
Se esta não fora a dor mais inaudita,
mais pudera queixar-me d'ágoa, e vento;
mas tua crueldade facilita
multiplicar-se em tudo o meu tormento:
E se a fineza nele se habilita,
nele se entende o meu merecimento;
mas vem logo a advertir[53] a minha mágoa
do que eu posso sentir o vento, e a ágoa.

---

51   BB: "do céu rodar".
52   BB: "a".
53   BB: "adverte".

79

O vento, é ar, que nunca tem constância;
o mar, ágoa que nunca tem firmeza;
o fogo, luz que abrasa na inconstância:
tu, de todos, em suma, és[54] natureza:
De ser mais claro que a ágoa, tens jactância,
sendo em cada Elemento vária a empresa;
mas tudo infames,[55] sendo o vil intento
menos firme que o fogo, o mar, e o vento.

80

Se de teu ódio o fogo se retira;
se o vento dos afetos se afugenta;
se teu valor por outro mar suspira;
ou tudo, e por meu mal, de mim te ausenta:
A meu amor é tudo vã mentira,
porque em seguir-te, nada me atormenta:
Não fujas logo; para-te a meu rogo,
que não te vale o vento, o mar, e o fogo.

81

Em mim o exemplo vê infaustamente,
no fogo Vênus sou, Tétis nas ágoas;
que esse nome me dão (bem que indecente)
dos meus olhos o mar, do peito as frágoas:
E na morte de dor tão delinquente,
nem os olhos valem a dor, nem o peito as mágoas;
pois me não serve[56] já de desafogo,
nem arder na ágoa,[57] nem chorar no fogo.

---

54 BB: não há o vocábulo "és".
55 BB: "infamas".
56 BB: "servem".
57 BB: "nas ágoas".

82

Mas se arder, e chorar não vale aos tristes,
que pode mais, se é grande, uma tristeza;
como na minha vivo, se presistes,
e o coração de Armido te despreza?
Na dor à pena de tua dor resistes,
convertendo-a em tua mesma natureza;
e como vives já desse talento,
no meu chorar, e arder, tens novo aumento.

83

Nilos os olhos, e Vesúvio o peito
me viste, fero Ingrato, e te ausentaste;
nem a[58] incêndios tiveste algum respeito;
nem aos dilúvios termo algum guardaste:
E se o meu coração vendo desfeito
em fogo, e ágoa; o teu nunca abrasaste;
que lágrimas, já podem, que suspiros
reduzir-te (cruel) de teus retiros?

84

Quantas vezes queria não querer-te,
só por poder assim mais adorar-te?
Agora, só suspiro poder ver-te,
e não vale a meus olhos suspirar-te:
Oh quem cuidara, Triste, que a perder-te
chegara nunca o extremo de ausentar-te!
Mas se é teu gosto amar o mar, e o vento,
quero querer por gosto esse tormento.

85

Se por ti choro, se por ti suspiro,
nem assim modifico o meu tormento;

---

58   BB: "aos".

que como[59] padecer somente aspiro,
no mesmo alívio dobro o[60] sentimento:
E se no fogo de meus ais respiro,
e na ágoa de meus olhos tomo alento;
é por ter contra mim nos meus sentidos,
o fogo, e a ágoa a teu favor unidos.

86

Nem dos ventos receias as tormentas?
Nem temes da ágoa os casos perigosos?
E temes umas lágrimas isentas?
Receias uns suspiros amorosos?
Não fujas não, que as lágrimas aumentas,
e os suspiros duplicas mais queixosos:
essa tormenta teme no caminho,
suspende ao mar o lenho, ao vento o linho.

87

Porque, Ingrato, não ouves tanto rogo?
porque, Cruel, não sentes tanta mágoa?
A mágoa não sentida, é toda fogo:
o rogo nunca ouvido, é todo frágoa:
Nem para a frágoa o ar dá desafogo:
nem para o fogo o mar pode dar ágoa;
que não acha tal fogo a[61] meu tormento,
ágoa nos mares, nem nos ares vento.

88

Sente o meu mal o[62] ar dos ais ferido,
o fogo dos suspiros magoado,

---

59 BB: "com o".
60 BB: "dobrado".
61 BB: "o".
62 BB: "ao".

destas ânsias o vento combatido,
destes mares o mal multiplicado:
Só tu não sentes, porque sem sentido
a tudo levas esse peito armado;
mais insensível era o meu tormento
do que ar, e fogo, do que mar, e vento.

89

Quanta glória deixaste por buscares
salgados golfos, não sabidos climas?
quem te soube mover a desprezares
por esse mar, os dous que desestimas?
Neste não tinhas que temer pesares:
nesse podes perder tudo o que estimas:
Por pisares de Tétis as espumas,[63]
de Vênus enjeitaste, Ingrato, as plumas.

90

Olha que Vênus pode maltratar-te;
e que Tétis não pode defender-te:
Oh se o seu fogo fora já abrasar-te,
a ver se todo o mar ia a valer-te!
Mas se em lugar de ela castigar-te,
chegara compassiva a enternecer-te,
essa penha de neve fora frágoa,
e assi[m] fogo advocara o vento, e ágoa.

91

Mas ai, que para tudo ter perdido,
até Vênus se põem da tua parte!
Se estás dormindo, entendem que és Cupido:
Se acordado, que vendo está o seu[64] Marte:

---

63 BB: "escumas".
64 BB: "que está vendo a seu".

E se tanto te traz no seu sentido,
como pode acudir-me, e[65] maltratar-te?
De Vênus, contra ti nada presumas,
que vás seguro, Armido, contra espumas.[66]

92

Se te leva por outro pensamento
 a esperança dos tálamos da Aurora,
oh quantas esperanças leva o vento!
oh quantos pensamentos o mar chora!
No vento, e ágoa levas pensamento,
quando a esperança só no engano mora:
Olha não aches falsa essa ventura,
no vento a morte, na ágoa a sepultura.

93

Contigo o vento, e a ágoa competindo,
ligeirezas o vento, o mar bonanças,
o vento excedes no que vás[67] fugindo,
o mar excedes no que não descansas:
O mar, as praias sempre está ferindo:
O vento, às ondas desfazendo as tranças;
mas medidos contigo são firmezas,
que de ambos vence a tua as naturezas.

94

Dizei-me mares, e dizei-me ventos;
porque, se[68] contra mim sois tão constantes,
o vosso curso iguala os meus tormentos,
a minha morte não vossos instantes?

---

65 BB: "ou".
66 BB: "as escumas".
67 BB: "vês".
68 BB: "só".

Já que as almas levais, e os pensamentos,
que em vão dividem velas inconstantes;
para que não parais por compassivos?
não seguisteis[69] também Ninfas, lascivos?

95

Responde-me tu já[70] que me pareces
menos fero que o vento que me ofende,
se deste fogo meu te compadeces,
porque esse teu poder me não defende?
Bem parece, que incêndios não padeces;
e o meu, nesse[71] ágoa, e vento, mais se acende:
Mas que remédio peço ao mar, e à vida,
se só na morte a busco apetecida?

96

Sepulta-me em teus mármores de prata
dando vanglória à glória já perdida;
e no epitáfio trêmulo, retrata
da minha morte a causa, e fim da vida:
Mostre a vida, que nunca foi ingrata;
mostre a morte, que nunca foi querida;
e que quem ama o mal, que triste chora,
quanto em[72] vida adorou, na morte adora.

97

Mas não me dês sepulcro; deixa-me antes
levar do vento, e ondas indecentes;
que se uma vida anima a dous Amantes,
num sepulcro não cabem dous Ausentes:

---

69 BB: "seguistes".
70 BB: "mar".
71 BB: "nessa".
72 BB: "a".

Em ti seremos ambos navegantes;
quiçá nos leve o vento a estar presentes;
e ambos teremos[73], com diversa sorte,
Ele no vento vida, Eu no mar morte.

98

Oh quem falou já mais com vento, e ágoa,
que não sentisse em si seu desengano?
O vento passa surdo (oh triste mágoa!)
a ágoa o segue muda (oh triste engano!)
Enfurecido o vento, acende a frágoa;
emudecida a ágoa, aumenta o dano;
que por serem alívio a[74] meu tormento,
deixou de falar a ágoa, e ouvir o vento.

99

Mas se acaso me ouvis ágoas, e ventos,
e disso murmurais; quando chegares
àquele humano Deus, cujos intentos
não puderam aplacar os meus altares:
Dizei-lhe; que eu adoro os meus tormentos
como relíquias só de seus pesares;
e lá me assiste,[75] ou fero, ou já propício,
este meu derradeiro sacrifício.

100

E pois param[76] em vento os meus altares,
e neste sacrifício os seus enganos,
no vento se eternizem meus pesares,
no mar seus termos sempre desumanos.

---

73 BB: "seremos".
74 BB: "em".
75 BB: "aceite".
76 BB: "passarão".

E tu, Mortal, que o Templo profanares
do vento, e mar, a ver meus desenganos;
sabe que em ar, e mar se converteram
as tristes cinzas, que em seu fogo arderam.

101

Mas já, oh Armido meu, te não condeno,
que eu tive a culpa toda deste engano;
fora o meu dano o teu desejo ameno;
o meu querer, teu gosto nesse dano;
e logo fora glória quanto peno,
felicidade o mesmo desengano;
pois discreto teria o meu tormento,
no teu arbítrio o seu[77] merecimento.

102

Bem justamente, logo arrependida
sinto a dor, que só sinto de não dar-te
nos últimos abraços, esta vida,
que não teve mais ser, do que adorar-te:
E se o desmaio de que fui rendida,
fez, que sem ver-te, fosses embarcar-te;
fará agora o valor, que amante acerte
embarcar-me em mim mesma, por ir ver-te.

103

Mas que digo! A quem faço estes queixumes,
exéquias com que a morte solenizo?
Vós me ouvis quantos sois eternos lumes,
que exemplo[78] fostes com que me autorizo:
Se de mim não tivéreis[79] lá ciúmes,

---

77   BB: "meu".
78   BB: "exemplos".
79   BB: "tiverdes".

ser como vós, anela o meu juízo;
que se no mar se observam as estrelas,
veja-me Armido cintilar entre elas.

104

Tão parecidas sois muitas com ele,
como esta rocha, que[80] ama o seu perigo:
comigo está no firme; vós com aquele
que errante choro, que inconstante sigo:
A vós vos toca converter-vos nele,
e ao Céu fazer felice o meu castigo;
pois por menos discretos desatinos,
muitos Amantes sei que estão divinos.

105

E tu[81] sagrado Mar, a que esta vida
fio só, por seguir tão incerto norte,
mostrar-te só, que a perco agradecida
de teu favor, pertende a minha sorte:
Mas se lá, doce Armido, for sabida
esta fé, que acredita a minha morte;
vê, que quando me dá tua dureza,
faço ofendida, esta última fineza.

106

Mal disse Lídia isto, logo a fita,
da mais prolixa roupa desatada,
do rochedo no mar se precipita;
fica na espuma Vênus desprezada:
Sulcar valente as ondas facilita,
para onde esconder-se vira a Armada;

---

80 BB: não há esse "que".
81 BB: no lugar de "E tu", aparece "Em".

move o cristal, e os remos de alabastro,
e a cada movimento acende um Astro.

107
Corre veloz o Bergantim de neve,
porque a carga que leva, é toda frágoa:
Parado a ver triunfar o vento, esteve
o Deus do Fogo, pelo Império de Ágoa:
Muita campanha, se em momento breve,
ara o volante da animada em ágoa,[82]
e animadas as ondas, arde logo
a esfera da ágoa a exalações de fogo.

108
Mas quem viu durar muito (oh termo breve!)
do[83] fogo unido à neve (oh dor sem rogo!)
perde o fogo na neve o ser que teve;
perde a neve no fogo o seu ser logo:
Vai deixando de ser a neve neve;
vai deixando de ser o fogo fogo;
e a perdidos alentos, se desata
o fogo, e neve em lástimas de prata.

109
Do mar, e vento, é já despojo triste
do Mundo todo a mais soberba glória;
já de jasmins cadáver vago existe,
da vida, e morte a mais gentil vanglória!
Do[84] ser original enfim desiste
aquela Cifra da mais alta história;

---

82 BB: "ara o valente da animada mágoa".
83 BB: "o".
84 BB: "de".

e torpe a fama, cega a sutileza,
seus pincéis, e clarins rompe a Beleza.

110

Chorou-te o Sol, por ser sua grandeza
escassa imitação de teus[85] cabelos;
dos Astros a confusa gentileza;
ele sem graça, e eles menos belos:
Entristeceu-se a mesma natureza,
da formosura rotos os modelos:
Lamentavam as Fontes, Aves, Flores,
o Deus sem vista, a Deusa dos amores.

111

Esta, mais empenhada, e mais sentida,
quis que Lídia ficasse eternizada;
a Júpiter propõem, ser-lhe devida
de Estrela fixa a glória sublimada:
Pois no que obrara, estava preferida
entre as Deusas de que era venerada:
O Tonante o concede; e num momento,
do profundo a traslada ao Firmamento.

112

Extremos de juízo, e formosura,
sempre foram letal veneno à vida;
contra o seu ser, o só portento dura,
que a fortuna é das partes homicida:
O excesso mais discreto da Loucura,
é de Amor a fineza mais valida:
sendo pois Lídia tão discreta, e bela,
Estrela pode ser, não pôde[86] tê-la.

---

85 BB: "seus".
86 BB: não há esse "pôde".

113

As aquáticas Ninfas, que em coreias,
de Anfião triste as delícias celebraram,[87]
vencendo ao som das conchas as sereias,
suspendiam Delfins, Tritões ataram.[88]
Quando sem vida admiram entre as areias
a Beleza, que os mares profanaram;[89]
atónitas da indigna novidade,
a presumiam infausta Divindade.

114

Ficaram mudos logo os Instrumentos;
as doces consonâncias, em gemidos;
as delícias das Ninfas, em tormentos;
os Tritões, e Delfins, entristecidos:
E todos, com discretos sentimentos,
os corações em fontes convertidos,
a conduzem corteses nos seus braços,
do imenso Deus do Mar aos régios Paços.

115

Mas Netuno, que o caso bem sabia,
lhe tinha prevenido já piedoso,
um soberbo sepulcro, que se erguia
sobre cem bases de diamante undoso:
Exala o âmbar, luz a pedraria;
e ali sagradamente majestoso,
logra o cadáver tantos resplendores,
que o[90] que cintila estrela são menores.

---

87 BB: "celebravam".
88 BB: "atavam".
89 BB: "profanavam".
90 BB: "os".

116

Neste[91] tempo a tirana[92] Imitadora
do Planeta maior, tinha cortado
a escura meta, adonde[93] Precursora,
do novo dia extingue o já passado:
Substituta, se não fixa[94] da Aurora,
todo o Império do Sol quase usurpado,
era nos raios do candor que ardia,
o brilhante carro do noturno dia.

117

Sereno o mar, o vento sossegado,
sem neve o ar, sem sono o que vigia,
tranquila a noite, o céu todo estrelado,
só do Farol de Cíntia[95] a luz se via:
A Armada não veloz, seu curso amado
pisando instável prata, igual seguia;
uns dormindo sem pena, outros cantando
a mágoa com que a Pátria vão deixando.

118

Só triste Armido,[96] posto no bombordo
que da parte da terra lhe ficava,
quanto mais dele o mais seguro bordo
para os cerúleos campos se apartava;
mais estendia,[97] com queixoso acordo,

---

91 BB: "Já neste".
92 BB: "trina".
93 BB: "donde".
94 BB: "fixam".
95 BB: "Farol aceso".
96 BB: "Só Armido triste".
97 BB: "entendia".

as saudades da Prenda que deixava;
dando entre as ânsias de chamar por ela,
mais ágoa ao fogo, mais alento à vela.

119

Oh triste fado! (diz) onde me levas?
Oh triste engano meu! onde me trazes?
Se ao desengano; porque o não relevas?
Se às esperanças; porque mas desfazes?
Já não és engano, pois me não elevas;
e se eras fado, bem te contrafazes:
Ambos fingisteis[98] meu contentamento,
para em vós dividíreis[99] meu tormento.

120

Vivi alegre no engano do meu fado;
mal contente na vida deste engano:
Foi o fado na glória, desenfado;
mas o engano na pena, desengano:
Que brevemente tudo vi[100] trocado!
Vivi felice, já pareço insano;
que é crédito não ter juízo em sorte,
que a vida fez engano, e fado a morte.

121

Aquele alívio d'alma em que vivia;
aquele doce encanto que lograva,
engano, e fado foi: Quem cuidaria,
que tanto bem tão cedo se acabava?
Foram invejas do fado que sentia
o engano em que o meu bem tanto durava;

---

98 BB: "fingistes".
99 BB: "para em nós dividirdes".
100 BB: "vi tudo".

por isso destinou, que um só momento
fossem as horas do meu contentamento.

122

Do Amor, e Marte fui tão combatido,
como agora o estou de Amor, e Morte:
O[101] Marte trouxe as armas de Cupido;
à Morte rendo agora as de m'a morte.[102]
Meus enganos me trazem tão[103] perdido,
e deles[104] foi motivo a minha sorte;
pois contra meu sossego, tinham dado,
as mãos o engano, e os ardis do[105] fado.

123

Oh mísero de mim! Como me vejo
já arrependido deste triste engano?
Que pouco dura o gosto de um desejo,
quando o fado o converte em desengano!
Eu de mim para mim meu dano elejo;
mas no de Lídia é só mais desumano;
pois quando julgo de meu trato a culpa,
nem o engano, nem fado me desculpa.

124

Deixar-te, oh[106] vida, foi fatalidade;
embarcar-me sem ti, foi fero engano:
do meu engano choro a falsidade;
do meu fado lamento o desengano:

---

101 BB: "a".
102 BB: "Mavorte".
103 BB: "assim".
104 BB: "dele".
105 BB: "o".
106 BB: "a".

De uma verdade passo a outra verdade,
e conspiradas ambas em meu dano,
padeço a pena de tirar duas vidas,
que o engano, e fado tinham sempre unidas.

125

Da glória deste fado, e deste engano
formava a vida, e morte um doce jugo:
dar-me hoje o fado a vida, é ser tirano;
negar-me o engano a morte, é ser verdugo:
Compassivo comigo, e desumano,
torno a chorar as lágrimas que enxugo;
e é meu alívio o mesmo sentimento;
mas ter inda esse alívio o mor tormento.

126

Que importa contrapor mares a mares,
e aos impulsos do vento meus suspiros,
se nem suspiros valem a meus pesares,
nem nos mares se impedem meus retiros?
Os suspiros em vão rompem os[107] ares,
quando os mares os[108] não prevertem[109] giros;
mas que suspiro, ou mar, não mudam logo
meu engano em vento, ou o meu fado em fogo?

127

Oh quanto contra Armido fez o engano!
oh quanto contra Lídia pôde o fado!
o fado, lhe dispôs na glória o dano;
o engano a mim nas ditas este estado!
Ambos, um ser tivemos soberano

---

107 BB: "esses".

108 BB: "a".

109 BB: "pervertem".

para o perdermos ambos desprezado:
oh se nunca passara de querer-nos,
não fora logo a indústria de perder-nos!

128

Perdi-te, ou por engano do juízo,
ou por culpa do fado que o domina:
do fado, porque faz mais indiviso
o amor, que na presença mais declina:
do juízo, por crer que era preciso
não te ver para amar-te mais divina;
mas veio a ser no efeito em tudo errado,
engano amar-te mais; mais[110] ver-te, fado.

129

Mas se fora do fado ação não ver-te,
pudera sentir menos o deixar-te;
que a violência do fado, enfim prever-te
do mais astuto a morte,[111] a força, e arte:
E se eu te deixo só por mais querer-te,
e é o meu não ver-te mais, mais adorar-te;
porque culpo o não ver-te, não culpado?
para que digo, que o não ver-te é fado?

130

Também se amar-te mais engano fora,
não te adorara de mim mesmo ausente:
ver, e adorar, é prêmio do que adora;
que é glória do adorar estar presente:
Mas adorar sem ver, tanto melhora
a fé, que faz o amor mais excelente;

---

110 BB: "não".
111 BB: "do mais astuto peito".

sendo este modo pois tão soberano,
amar-te mais, não pode ser engano.

131

Logo, se o engano, e fado, que eu culpava,
maiores culpas contra mim fabricam;
aquele amor, e vida, que eu lograva,
na primeira inocência as qualificam:
Não conhecia a glória que gozava,
e estas mágoas agora o certificam;
porque ignorava, entre o gozo, e riso,
que coisa era viver no Paraíso.

132

Já neste inferno, aonde[112] nunca apagam
nem mar as penas, nem o vento as chamas,
meus néscios erros castigados pagam
esta alma em ágoas, este peito em flamas:
A minha vista a tua dor afagam
aquelas que o cristal o seixo infamas,
que um, e outro remédio que festejo,[113]
são sombras do tormento que em mim vejo.

133

Se Sísifo, e se Tântalo estiveram
nos meus incêndios, ou nas minhas mágoas,
oh como por alívio só[114] tiveram
rodar as penhas, e anelar as ágoas!
As mesmas penhas, e ágoas concederam,
que eram mais toleráveis que estas frágoas;

---

112 BB: "donde".

113 Esse verso está incompleto em BB, havendo apenas os dois primeiros vocábulos, ou seja, "que um".

114 BB: "se".

e eu Sísifo das ágoas ser aspiro;
e Tântalo das penhas só suspiro.

134

Oh penhas, que a meus olhos vós negastes!
oh que a delícia vós também perdestes!
Se com Lídia na vista vós ficastes,
como comigo ausentes vós viestes?
A pena de a perder mais aumentastes
no alívio com que mais me entristecestes;
que se o bem das saudades é lembrá-las,
é menos o[115] senti-las, que lográ-las.

135

Mas deixai que me aflijam desunidas
as saudades sentidas, ou logradas;
que se as logradas, são as mais validas,
sempre as sentidas são as mais lembradas:
As logradas, se perdem possuídas;
as sentidas se logram suspiradas;
e eu nesta diferença só me privo
do alívio, e pena com que morro, e vivo.

136

Do alívio; porque morra em dura pena:
da pena; porque sempre nela viva:
Quem busca alívio, à morte se condena:
Quem logra a morte, de sentir se priva.
A dor mais fera em mim é a mais serena:
a pena menos fera, é a mais esquiva;
que como o meu alívio é a dor mais forte,
morro da vida, e vivo só da morte.

---

115 BB: "dor".

137
Por isso me não matam as crueldades;
por isso me dão vida os sentimentos:
da vida, e morte são perplexidades
cruéis as glórias, doces os tormentos:
E é que dão neste ardil as saudades
cobardias à vida, à morte alentos;
para que eu mais cobarde, que homicida,
dos alentos da morte forme a vida.

138
Mas quando tenho a vida mais ganhada,
nessa morte em que vivo, é mais perdida;
porque a vida na morte transformada,
da morte vital é mais homicida:
Oh vida, oh morte, por meu mal trocada!
Só eu dou[116] vida à morte, à morte a vida:
Mas que digo? inda é mais confusa sorte
não dever vida à vida, e morte à morte.

139
Donde venho a inferir, que morro, e vivo,
sem ter vida, nem morte (oh sorte dura!)
Na morte, sinto a pena de estar vivo:
na vida, sinto a morte do que atura:
Deste modo é meu mal tão sucessivo,
que sempre alterna berço, e sepultura;
que junta ao sol,[117] qual Fênix de seus raios,
sempre nasce do horror de seus desmaios.

---

116 BB: "dê".
117 BB: "imita o sol".

140

Desta vida, só sinto a pouca dura,
quando só sinto, oh Lídia, o durar tanto;
pois perder-te, e durar, triste loucura;
durar para sentir-te[118], doce encanto:
Do sentir a fineza que é mais pura,
chega a matar quem vive em triste pranto;
e a minha é tal, que vivo em meu tormento,
por sentir no sentir contentamento.

141

Mas ai, que o gosto de sentir contente,
é o tormento maior de quanto peno!
que gostar, e sentir conformemente,
é beber a triaga no veneno:
Um coração de todo descontente,
nem do que pena gosta por aceno;
e assim, venho a penar no pressuposto
de nem gostar da pena, nem do gosto.

142

Este é o motivo, oh Lídia, oh doce Prenda
porque inda sinto quando morro ausente;
que quer meu fado, que culpado aprenda
a ser mais sensitivo, que vivente:
oh queira o[119] teu amor que nunca entenda
que o meu se diminui em o[120] que sente;
pois se em sentir[121] ausente, se merece;
o meu nos sentimentos é que cresce.

---

118 BB: "sentir é".
119 BB: "Oh dize a teu amor".
120 BB: "no".
121 BB: "consentir".

143

Oh quantas vezes via nestas horas
entre outro mar o Céu que Vênus teve!
suspenso o Sol, ocultas as Auroras,
dormir as flores em jardim de neve!
Até que madrugando a ser senhoras
do cárcere ditoso, que as deteve,
de seu perdido aljôfar se sorriam,
e ao dia as pontas, como a mim, se abriam.

144

Agora neste cárcere de pinho,
corrente as ágoas, e grilhões o vento
atado às cordas, e sujeito ao linho,
o meu delito pago em meu tormento:
É prisão sucessiva este caminho,
onde[122] sim tenho livre o pensamento;
e este me agrava a culpa de meus erros,
e até do vento, e mar me forja os ferros.

145

Nos ferros geme o triste delinquente,
de livrar-se a esperança já perdida,
se no acabar entende sabiamente,
que a fortuna melhora aborrecida:
E de sofrer a vida[123] impaciente,
seu suplício suspira à mesma vida;
pois é nas penas de uma triste sorte,
menos morte acabar na mesma morte.

---

122 BB: "donde"

123 BB: "de a vida sofrer"

146
Chora o charro[124] consorte o doce ninho
presa Avezinha, com saudoso pranto;
mas convertendo o cárcere em raminho,
das tristes mágoas forma alegre canto:
Faz co'as queixas o amante Passarinho,
aos passos suspensão, ao ouvido encanto;
e tem nas ânsias de se ver perdido,
por discreta vaidade, o ser ouvido.

147
Descansa o delinquente em ver-se morto;
e vive o Passarinho em ver-se ouvido:
Eu só, do fado lastimoso aborto,
nem na morte acho bem, nem no gemido:
Que não quer este vento, e mar que corto,
ver-me morto, nem ver-me enternecido;
mas é porque não ache a meu tormento
nos homens, nem nos brutos documento.

148
Neste tempo o Piloto vigilante,
que as Estrelas observa judicioso,
outra adverte, que usurpa cintilante
do vago vulgo o império luminoso:
Fixo especula, admira vacilante;
pois não visto farol do Reino undoso,
é com resplendecente novidade,
injúria ao Céu, ao Mar serenidade.

---

124 BB: "claro"

149
Repara o[125] triste Armido; e escassamente
de Lídia as sombras vê naqueles raios,
quando deles no peito ingrato sente
o efeito que apressou mais seus desmaios:
Dar docemente[126] a vida descontente
fatal eclipse a seus floridos maios,
supõem consigo; e ali, com louco acordo,
ao mar se arroja do cerúleo bordo.

150
Ser um tormento alívio a outro tormento,
experimenta quem sente a maior pena;
mas a glória de um justo sentimento,
sempre a pena maior acha pequena:
Que a fidalguia de um querer isento,
até as finezas do sentir condena;
pois anelar sentir só por fineza,
é merecer, e merecer vileza.

151
Se Armido, morta Lídia, padecera,
seu mesmo padecer vivo infamara;
pois quanto padecendo merecera,
sua injúria, vivendo, acrescentara:
Na mais intensa dor, que em vão sofrera,
lograra amor, e a vida preservara;
e quem na vida funda o ser mais fino,
na fineza eterniza o desatino.

---

125 BB: "ó".

126 BB: "doce morte".

152

Por isso Armido, sem discurso, acerta
achar no precipício a sábia morte:
Mas ai, que não foi sua aquela incerta
ação da dor, ou lástima da sorte;
efeitos sim das almas, que encoberta
dependência mostravam mais forte;
pois reciprocamente conservadas,
subsistir não podiam separadas.

153

Quando Armido no lenho se partia,
quando Lídia na praia se ficava,
Lídia no lenho o objeto é que atendia,[127]
de si Armido na praia se apartava:
Aquela divisão que os desunia,
era a união que mais os transformava,
clausulando-se em tristes labirintos,
indistintos ao ser, e à vista extintos.

154

Ao mesmo tempo Lídia, e Armido deram
nova vida aos dous corpos, que animaram;
pois se entre ambos as vistas se perderam,
entre ambos as duas almas se trocaram:
Ambos a mesma glória apeteceram;
ambos o mesmo fim multiplicaram:
Ela, da rocha ao mar se precipita;
Ele, do bordo sem imitá-la, a imita.

---

127 BB: em vez desse verso, aparece este outro (que, aliás, não é hendecassílabo): "Lídia no lenho se partia".

155
Entre as sombras parece resoluta
aquela maravilha, que era Armido:
a soberba de haver[128] sido absoluta,
parou no desengano de haver sido:
A natureza toda resoluta,
cobra o que nele tinha dividido;
e sendo cada parte mil portentos,
ficou tudo um compêndio de tormentos.

156
Fica o ser da eloquência mais discreta,
o emblema da elegância mais polida,
o enigma, que ignorado se interpreta,
a energia explicada[129] mais sabida:
O exemplo da graça, que secreta
inda[130] é maior que si, de si[131] abstraída;
cadáver triste, mas no mar que infama,
delícia do pincel, mimo da fama.

157
Sentida Vênus, e anojado Marte,
unida pompa prevenira a Armido;
segue funesto o bélico Estandarte,
roto o Arco do Deus já não seguido:
Dos marítimos quase a maior parte;
dos celestes o Deus mais preferido;
Vênus no mar o leva a Lídia bela,
Marte nos Céus a ser com Lídia Estrela.

---

128 BB: "de a ver".
129 BB: "que se explica".
130 BB: "ainda".
131 BB: "que se de si".

158
O fim fatal de um, e de outro Amante,
nas ondas, nas Estrelas se retrata:
O Olimpo fixa em estrelas[132] de diamante;
e o Oceano em lâminas de prata:
Ambos une a fortuna sempre errante;
ambos anima a fama nunca ingrata,
autorizando em[133] luzes essas palmas,
Netuno os corpos, Júpiter as almas.

---

132 BB: "estampas"

133 BB: "com".

Glossário[134]

Adônis. Nasceu da relação incestuosa entre o rei de Chipre, Cíniras, e sua própria filha, Mirra. A beleza de Adônis despertou os amores de Vênus, que chegou a preferir o amado ao céu. Essa irrefreável paixão de Vênus pelo rapaz causou a ira de Marte, amante da deusa do amor. Certo dia, em uma caçada, Adônis se deparou com um javali, enviado por Marte, que deu uma feroz mordida no rapaz, levando-o à morte. Vênus, amorosamente dilacerada, determinou que o sangue de Adônis se transformasse em uma flor, mais especificamente, uma anêmona. (Cf. *Metamorfoses*, livro X, v. 503-559 e v. 708-739).

---

134 Neste glossário, definem-se alguns vocábulos do poema que podem apresentar dificuldades de compreensão para leitores dos dias de hoje. Visando adequar essas definições à língua e aos modelos poéticos da época em que aquelas *Saudades de Lídia e Armido* foram provavelmente compostas, serão utilizados como fontes principais o *Vocabulário Português e Latino* (1712-1728) de Raphael Bluteau e, quando se tratar de mitologia antiga, a *Teogonia* de Hesíodo e as *Metamorfoses* de Ovídio (duas relevantes fontes poéticas de mitos gregos e latinos). Como essas três obras já se encontram devidamente citadas naquelas "referências bibliográficas" do estudo do poema, neste glossário, no caso do *Vocabulário* de Bluteau, serão mencionados apenas o volume e a página; no caso da *Teogonia* e das *Metamorfoses*, somente os versos. Quando não houver qualquer tipo de menção nesse sentido, tratar-se-á de definição proposta pelo editor.

Advocar. Ou avocar, isto é, chamar para si. (Cf. *Vocabulário Português e Latino*, vol. 1, p. 144).

Anfião (ou Anfíon). Filho de Zeus e Antíope (rainha de Tebas). Foi graças ao som da lira de Anfião, instrumento que lhe fora dado por Hermes, que as muralhas de Tebas foram construídas. (Cf. *Metamorfoses*, livro VI, v. 177-179).

Armada. Segundo Bluteau, é o "exército no mar", ou seja, os "navios de guerra armados". (Cf. *Vocabulário Português e Latino*, vol. 1, p. 497).

Astro. "Figura celeste ou constelação, como qualquer dos doze signos do zodíaco ou das imagens austrais e setentrionais, cada uma das quais é composta de muitas estrelas. (...) Astros também se chamam o sol, a lua, as estrelas assim em particular como em geral". (*Vocabulário Português e Latino*, vol. 1, p. 618).

Aurora. Equivale à deusa grega Éos (da primeira geração divina), que representa a primeira luz antes do nascer do sol. Isso porque a essa deusa incumbe-se a tarefa de abrir as portas do céu para o carro do sol iluminar a terra. (Cf. *Metamorfoses*, livro II, v. 111-113).

Baixel. É um pequeno navio ou embarcação.

Batel. Assim como "baixel", significa uma embarcação de pequeno porte.

Belém. É uma freguesia de Lisboa, conhecida, entre outras coisas, por ser de onde partiram as principais frotas responsáveis pela expansão marítima de Portugal, durante o período dos chamados "descobrimentos" portugueses.

Bergantim. "Pequeno navio de baixo bordo e leve, para correr o mar". (*Vocabulário Português e Latino*, vol. 2, p. 107).

Bombarda. Conforme Bluteau, bombarda não é sinônimo de canhão, mas uma "peça de artilharia grossa e curta, com boca muito larga, que antigamente foi chamada *basilisco*". (*Vocabulário Português e Latino*, vol. 2, p. 150).

Boninas. São as menores flores e as mais "mimosas". Bluteau lembra, como exemplo de uso poético desse vocábulo, a oitava 134 do canto III d'*Os Lusíadas* de Camões, em que Inês de Castro é comparada com uma bonina. (Cf. *Vocabulário Português e Latino*, vol. 2, p. 153).

Carpar. É o mesmo que capinar, ou seja, limpar ao redor das plantas.

Charro. Palavra ou estilo charro, isto é, "chão", "vulgar", "humilde". (Cf. *Vocabulário Português e Latino*, vol. 2, p. 278).

Cifra. Esse vocábulo pode ter diversas acepções, mas no trecho do poema (oitava 109) em que aparece, "cifra" tem o sentido de enigma ou de escrita secreta.

Cíntia. É um dos nomes pelos quais é conhecida Diana, que na mitologia grega equivale a Ártemis. Assim, quando um dos versos das *Saudades de Lídia e Armido*, na oitava 117, menciona o "farol de Cíntia", trata-se de uma metáfora da lua.

Clarim. Instrumento musical, espécie de trombeta que tem o som agudo e claro. (Cf. *Vocabulário Português e Latino*, vol. 2, p. 337).

Coreia. Dança em que participam muitas pessoas. (Cf. *Vocabulário Português e Latino*, vol. 2, p. 548).

Costado. É um termo náutico: a parte lateral exterior de uma embarcação.

Cupido. É o deus que corresponde ao Eros grego. Embora haja diferentes versões sobre suas origens, Cupido, na mitologia latina, é retratado, em geral, como filho de Vênus e Marte. Portando sempre seu arco, lançava suas flechas para incitar amor em homens e deuses.

Delfim. De acordo com Bluteau, não se deve confundir o delfim com o golfinho, embora sejam muito semelhantes. Desse modo, o delfim, em particular, "é um peixe do mar Mediterrâneo (...), muito ágil e salta muito. Tem o couro liso e vário na cor (...). Tem o focinho redondo e comprido, a língua carnosa, os dentes pequenos e agudos, os olhos grandes (...); a barriga é branca e as costas negras, com sua corcova; de ordinário segue os navios (...). É muito amigo do homem". (*Vocabulário Português e Latino*, vol. 3, p. 45-46).

Entena. Ou antena: "é o pau que atravessa o mastro do navio e donde se ata a vela". (*Vocabulário Português e Latino*, vol. 1, p. 398).

Europa. Filha de Agenor, rei da Fenícia, e irmã de Cadmo, fundador de Tebas. Europa foi raptada por Júpiter metamorfoseado em touro. (Cf. *Metamorfoses*, livro II, v. 833-875).

Fado. Cristianizando as noções antigas de "fado" (as *Moiras* gregas e o *Fatum* latino), Bluteau define esse vocábulo como "disposição ou conexão das causas segundas que a vontade de Deus tem determinado desde a eternidade, para tudo o que necessariamente há de suceder no mundo. Isto é o que os gentios chamarão Fado imaginado, que era um decreto imutável de seus falsos deuses". (*Vocabulário Português e Latino*, vol. 4, p. 13-14).

Faetonte. Filho de Febo (deus-sol, correspondente a Hélio na mitologia grega) e de Clímene. Certo dia, Faetonte, depois de sua mãe lhe revelar sua origem, foi ao encontro de Febo e lhe pediu, já que o deus-sol lhe havia prometido atender a qualquer pedido para mostrar que Faetonte era mesmo seu filho, o direito de governar os "cavalos de pés alados" do carro paterno. Febo assentiu a esse desejo do filho e lhe indicou a rota que deveria ser rigorosamente seguida. Faetonte, contudo, não seguiu tal rota, causando oscilações nos astros e apresentando grande perigo à terra. Diante dessa situação calamitosa, Júpiter decidiu lançar um de seus raios sobre o carro do sol (desgovernado) e seu piloto, caindo Faetonte morto no rio Erídano (atualmente identificado com o Pó ou o Reno). (Cf. *Metamorfoses*, livro I, v. 747-779; livro II, v. 1-339).

Fama. Conforme definição de Bluteau, a Fama é uma "fabulosa deidade a que os poetas fizeram filha de Titão e da Terra, e irmã de Encelado e do Caos. Dizem que nascera para divulgar os crimes dos deuses que mataram os gigantes. Pintam-na como mulher com asas semeadas de olhos e com uma trombeta na boca". (*Vocabulário Português e Latino*, vol. 4, p. 27).

Fênix. Em Ovídio, lê-se que a Fênix é uma ave "que se renova e se recria a si mesma", a partir de suas próprias cinzas. (Cf. *Metamorfoses*, livro XV, v. 391-407).

Fineza. É um termo muito comum na poesia lírica seiscentista, em particular, na lírica amorosa. Bluteau apresenta diversos significados para o vocábulo "fineza", destacando-se os seguintes: "ação com que se mostra o grande amor que se tem a alguém"; "ação feita com primor, com galanteria, com cortesania"; "sutileza, destreza". (*Vocabulário Português e Latino*, vol. 4, p. 125).

Firmamento. Em Portugal e na América Portuguesa, até meados do século XVIII, ainda predominavam os modelos cosmológicos antigos, em especial, aqueles de Aristóteles e de Ptolomeu. Isso fica evidente na definição de "firmamento" apresentada por Bluteau: "o oitavo Céu, superior aos sete Céus das estrelas errantes, e em que estão as estrelas fixas, a que os astrônomos distribuem em vários asterismos ou imagens e constelações austrais e setentrionais". (*Vocabulário Português e Latino*, vol. 4, p. 129).

Fortuna. "Fabulosa deidade que os antigos adoravam como causa de todos os acontecimentos prósperos e adversos". (*Vocabulário Português e Latino*, vol. 4, p. 129).

Frágua (ou frágoa). Fornalha de ferreiro, forja, ardor, fogo, amargura.

Galateia. Filha de Nereu e Dóris, Galateia é uma ninfa marinha (nereida) que foi amada por Polifemo e Ácis. Este último, que era um pastor filho de Fauno (Pã) e de uma ninfa marinha (filha de Simeto), teve seu amor correspondido. No entanto, ao vê-los juntos e, consequentemente, ver-se preterido, Polifemo (um ciclope) foi tomado de ódio e arremessou uma enorme pedra (na verdade, um pedaço de um monte) sobre o jovem pastor, matando-o esmagado. Galateia, desolada pela perda, fez com que Ácis assumisse a natureza de seus avós, isto é, ele foi transformado em rio. (Cf. *Metamorfoses*, livro XIII, v. 750-897).

Ganimedes. Nascido na Frígia e neto de Ilo (fundador de Troia), Ganimedes foi amado e, por isso, raptado por Júpiter, que se transformou em ave para realizar esse rapto, tornando-se o jovem, assim, copeiro no Olimpo, onde "serve o néctar a Júpiter contra a vontade de Juno" (*inuitaque Ioui nectar Iunone ministrat*). (Cf. *Metamorfoses*, livro X, v. 155-161).

Hybla. Monte da Sicília, célebre pelo ótimo mel que lá se produzia.

Júpiter / Tonante. É o equivalente do deus grego Zeus, o "pai dos homens e dos deuses" (de acordo com Hesíodo). Filho de Cronos e de Reia, não foi devorado por seu pai (que assim fazia com todos os filhos) graças aos ardis de sua mãe, que o escondeu recém-nascido e deu a Cronos uma pedra envolvida por panos para que fosse devorada no lugar de Zeus. Desse modo salvo pela mãe, depois de crescido, Zeus vingou-se de seu pai, usando (como se narra em algumas versões do mito) uma poção que fez com que Cronos vomitasse os filhos que havia devorado (e, inclusive, a pedra com que havia sido enganado). Derrotado seu pai, Zeus, então, passou a reinar absoluto entre mortais e imortais. (Cf. *Teogonia*, v. 453-506).

Lenho. Como define Bluteau, lenho é um "pedaço de árvore, cortado e limpo de rama". (*Vocabulário Português e Latino*, vol. 5, p. 79).

Mas quando utilizado em sentido figurado, como o é no poema atribuído a Bernardo Ravasco, "lenho" significa o próprio navio, empregando-se, portanto, aquela figura que os tratados de retórica antigos denominam "sinédoque".

Linho. "Planta que tem folhas triangulares e cuja casca tem muitos fios, com que se faz pano de linho". (*Vocabulário Português e Latino*, vol. 5, p. 148).

Marte / Mavorte. É o deus da guerra, equivalente ao deus grego Ares, filho de Zeus (Júpiter) e de Hera (Juno). (Cf. *Teogonia*, v. 921-923).

Mofino. Mesquinho, avarento, infeliz, desafortunado.

Mor. É síncope de "maior". Embora as duas formas tenham o mesmo sentido, Bluteau destaca que há diferença em seu uso: "mor se põe por adjetivo de certos substantivos, como capitão-mor, mordomo-mor; e a outro gênero de substantivos se aplica o adjetivo maior, v. g. o maior trabalho, o maior gosto, as maiores riquezas, etc." (*Vocabulário Português e Latino*, vol. 5, p. 573).

Narciso. Filho do rio Cefiso e da náiade Liríope, Narciso, devido à sua incomparável beleza e à sua grande soberba, era desejado por muitas jovens e todas eram por ele desprezadas. A ninfa Eco apaixonou-se pelo belo e soberbo rapaz e, como outras ninfas, foi desdenhada por ele. Sempre zombando de jovens e de ninfas, Narciso despertava a ira de muita gente e, um dia, alguém fez uma súplica para que ele amasse a si mesmo como era amado por elas e, assim, ele não pudesse jamais alcançar a quem amava. Ramnúsia (deusa da indignação) ouviu essa súplica e fez com que o jovem se apaixonasse perdidamente por sua própria imagem refletida em uma fonte. Obcecado e desgastado por esse amor a si mesmo não correspondido, Narciso morreu à beira da fonte, sendo seu corpo metamorfoseado em "uma flor amarela com pétalas brancas em volta do centro", ou seja, a flor de narciso. (Cf. *Metamorfoses*, livro III, v. 339-510).

Netuno. Corresponde a Poseidon na mitologia grega. Filho de Cronos e Reia, Netuno é o deus dos mares, dividindo com seus irmãos Júpiter/Zeus (deus do céu, rei dos deuses) e Plutão/Hades (deus do submundo) os domínios do universo. Entre seus diversos filhos, destacam-se o ciclope Polifemo e o cavalo alado Pégaso.

Nilo. Famoso rio do Egito ou, como afirma Bluteau, "grande rio da África". O rio Nilo foi sempre conhecido pela sua enorme extensão: "Vários geógrafos, antigos e modernos, entenderam que [o Nilo] nascia nas montanhas da lua". (*Vocabulário Português e Latino*, vol. 5, p. 720).

Ninfas. São divindades femininas menores associadas a localidades específicas; em geral, são retratadas como moradoras dos bosques, fontes e campos, tendo essas divindades diferentes nomes a depender de seus domínios. Normalmente, formam o séquito das grandes deusas. Além disso, Bluteau apresenta outro possível significado para o vocábulo, entendendo-se, às vezes, "ninfa" como jovem ou donzela. (Cf. *Vocabulário Português e Latino*, vol. 5, p777).

Olimpo. É o mais alto monte da Grécia, na região da Tessália. Na mitologia grega, ele era a morada dos doze deuses olímpicos, em especial, de Zeus, que de lá reinava sobre deuses e homens.

Paço. Palácio ou, em sentido lato, residência de nobres.

Palas. É epíteto da deusa grega Atenas, que corresponde à deusa romana Minerva. Ela é a filha primogênita de Zeus (Júpiter), caracterizada por Hesíodo como "a virgem de olhos glaucos" e sendo "igual ao pai no furor e na prudente vontade". (*Teogonia*, v. 895-896). Palas Atenas ou Minerva é conhecida, entre outras coisas, como a deusa da sabedoria e das estratégias militares.

Paroxismo. Segundo Bluteau, "é a hora da aflição" (*Vocabulário Português e Latino*, vol. 6, p. 277). Ou seja, é o auge da exasperação, do sofrimento, da agonia.

Paveia. É um feixe de palha ou de feno.

Pélago. É o alto-mar, mas podendo significar também, conforme Bluteau, "o que é em nós ou no mar o lugar mais fundo". (*Vocabulário Português e Latino*, vol. 6, p. 376).

Piloto. É o responsável pela navegação de uma embarcação, isto é, aquele que dirige o navio ou o barco.

Pinho. Às vezes empregados como sinônimos, o pinho diferencia-se do pinheiro, pois "pinheiro propriamente se diz da árvore; pinho se diz do tabuado. Tábuas de pinho manso, de pinho bravo, etc." (*Vocabulário Português e Latino*, vol. 6, p. 514). Nas *Saudades de Lídia e Armido* (oitava 144), emprega-se a expressão metafórica "cárcere de pinho" para designar o navio em que Armido se encontrava, penando sem sua amada Lídia.

Porfia. Ocasionada pelo afeto da emulação, é uma disputa, contenda ou certame, em especial, de palavras ou discursos.

Portento. Maravilha, coisa rara ou insólita.

Quadrilha. Bluteau apresenta as seguintes acepções do vocábulo "quadrilha": "as ruas que estão sinaladas ao quadrilheiro, para as vigiar e avisar das desordens que nelas observar. (...) Quadrilha em jogo de canas é uma companhia de quatro ou mais cavaleiros, que depois de entrarem e darem três ou quatro carreiras por todas as quadras da praça, tomam os postos e entram a jogar. (...) Quadrilha também se diz geralmente de gente a cavalo junta em maior ou menor número". (*Vocabulário Português e Latino*, vol. 7, p. 7).

Quartina. Equivalente a "quarteto" e/ou "quadra", sendo "quartina" mais comum em italiano. Essa palavra pode significar, em termos poéticos, uma espécie de composição com estrofes de quatro versos ou tão somente uma estrofe de quatro versos; em termos musicais, um conjunto de quatro instrumentos e/ou quatro executantes; e, finalmente, em termos gerais, uma reunião ou um conjunto de quatro pessoas.

Quilha. É um termo náutico, definido por Bluteau do seguinte modo: "é aquele comprido e estreito madeiro do qual, como do espinhaço as costelas do animal, saem, desde a proa até a popa, as partes em que se funda toda a máquina da embarcação". (*Vocabulário Português e Latino*, vol. 7, p. 60).

Sísifo. Filho de Éolo, rei da Tessália, e de Enarete (ou Aenarete), Sísifo ficou conhecido pelo duro trabalho que, como castigo por ser contumaz ofensor dos deuses, lhe foi infligido: carregar, eternamente, uma pedra encosta acima, pois sempre que está prestes a atingir o cume, a pedra rola de volta para baixo, obrigando Sísifo a recomeçar seu infindável trabalho. (Cf. *Metamorfoses*, livro IV, v. 460; livro XIII, v. 25-33).

Soçobrar. Esse verbo indica o "movimento das ondas que vão metendo a embarcação ao fundo". (*Vocabulário Português e Latino*, vol. 7, p. 685).

Tálamos. Vocábulo empregado com frequência na poesia seiscentista, geralmente no plural, os tálamos designam o leito conjugal ou a união matrimonial (bodas, casamento, núpcias).

Tântalo. Filho de Zeus e de Plota, certa vez, Tântalo foi recebido à mesa dos deuses e teria aproveitado a oportunidade para roubar manjares divinos (ambrosia e néctar) com o intuito de dá-los a seus amigos mortais; além disso, nesse mesmo jantar, teria cozinhado seu próprio filho, Pélope, e oferecido aos deuses, que notaram o embuste antes de servirem-se. Em outras versões, afirma-se que Tântalo teria revelado aos homens os segredos divinos. Como castigo, sejam quais tenham sido seus delitos, Zeus o enviou ao Tártaro para que lá passasse fome e sede eternas: exilado em um vale com

Saudades de Lídia e Armido, poema atribuído a Bernardo [...]   163

água e frutos abundantes, sempre que Tântalo tenta beber água, esta escoa antes de ele conseguir tocá-la; e quando ele tenta, para aplacar sua fome, alcançar algum fruto das árvores, os ramos se movem para longe de seu alcance.

Tejo. "Famoso rio, que tem seu nascimento em Castela a Nova, nos confins de Aragão, e depois de passar por Toledo e Talaveira, depois de banhar a Estremadura, fertilizar todas as suas ribeiras, formar aos pés de Lisboa uma enseada de três léguas de largo, com fundo bastante para todo gênero de embarcação, se reduz ao espaço de uma légua para desembocar com mais caudalosas correntes no mar Atlântico". (*Vocabulário Português e Latino*, vol. 8, p. 66).

Tétis. É uma ninfa do mar (uma nereida), filha de Nereu e Dóris, esposa de Peleu e mãe de Aquiles. (Cf. *Metamorfoses*, livro XI, v. 221-265). Quanto a Tétis, é ainda relevante recordar que, no canto X d'*Os Lusíadas* de Camões, essa deusa mostra a Vasco da Gama, no alto de um monte da "ilha enamorada", a célebre "máquina do mundo".

Tritão. É um deus marinho, filho de Poseidon (Netuno) e de Anfitrite, geralmente representado com cabeça e tronco humanos e cauda de peixe, portando sempre uma concha que, como se fosse uma trombeta, ele sopra para fazer retroceder o mar e os rios. (Cf. *Metamorfoses*, livro I, v. 330-347).

Tuba. É um instrumento musical de sopro; trombeta.

Vênus. É a deusa do amor, correspondente à deusa grega Afrodite, sendo denominada, repetidas vezes, no poema atribuído a Bernardo Ravasco simplesmente "Amor". É a mãe de Cupido e Eneias, e esposa de Vulcano. Há muita controvérsia acerca de suas origens. Hesíodo, por exemplo, apresenta o nascimento dessa deusa como decorrente de uma vingança de Cronos contra seu pai, Urano, cujos órgãos genitais, cortados pelo filho, caíram no mar, perto da ilha de Chipre, originando-se de sua "espuma", de forma espontânea, Afrodite (Cf. *Teogonia*, v. 176-206). Porém, em Homero (mais especificamente, na *Ilíada*) – antes de Hesíodo, portanto – Afrodite é retratada como filha de Zeus (rei dos deuses) e de Dione (a deusa-rainha das ninfas). Essa controversa origem da deusa do amor é referida por Bluteau em seu verbete sobre Vênus (embora pareça ter ocorrido uma gralha, indicando-se "Diana" como mãe de Afrodite, e não "Dione"): "Segundo a fábula, filha de Júpiter e de Diana (*sic*), ou nascida das escumas do mar e como tal chamada Afrodite, foi adorada dos gentios como deidade dos amores". (*Vocabulário Português e Latino*, vol. 8, p. 411). Essa dupla gênese de Afrodite (ou Vênus) gerou, desde, pelo menos, o *Banquete* de Platão, e ecoando de modo significativo nas letras portuguesas e luso-brasileiras dos séculos XVI e XVII, a concepção de que haveria dois amores: o primeiro, resultado daquele nascimento espontâneo da deusa a partir dos órgãos genitais e da "espuma" de Urano (representando esse deus o próprio "Céu"), seria o divino ou celeste; o segundo, decorrente da união entre Zeus e Dione, o terrestre ou vulgar.

Vesúvio. Célebre vulcão situado nos arredores de Nápoles, na Itália. Sua mais conhecida erupção foi aquela que destruiu Pompeia no século I (mais especificamente, no ano de 79).

Vulcano. Filho de Júpiter e de Juno, marido de Vênus, Vulcano é conhecido como o deus do fogo e da metalurgia, correspondendo ao deus grego Hefesto. (Cf. *Teogonia*, v. 927-929).

Zafiro. É o mesmo que "safira": pedra preciosa de cor azul.

Zéfiro. Personificação de um vento fresco e suave que sopra do ocidente. Segundo Bluteau, o Zéfiro é um "fabuloso nume que, na opinião dos gentios, favorecia a criação das flores e frutos da terra, que dava alento às plantas, vigor e vida a todas as produções do campo". (*Vocabulário Português e Latino*, vol. 8, p. 637).

Agradecimentos

Agradeço às funcionárias e aos funcionários da *Biblioteca da Ajuda* em Lisboa e da *Biblioteca Brasiliana Guita e José Mindlin* em São Paulo, sem os quais não teriam sido conservadas nem dadas a público estas *Saudades*, e ao Programa de Pós-Graduação em Letras da Universidade Federal de São Paulo pelo apoio institucional. Agradeço também, em especial, a Maria do Socorro Fernandes de Carvalho, colega de trabalho e amiga de vida, agudo piauí cujas águas deram viço a estas campinas.

Alameda nas redes sociais:

Site: www.alamedaeditorial.com.br
Facebook.com/alamedaeditorial/
Twitter.com/editoraalameda
Instagram.com/editora_alameda/

Esta obra foi impressa em São Paulo no inverno de 2018. No texto foi utilizada a fonte Minion Pro em corpo 10,25 e entrelinha de 15 pontos.